생각이 남아있는 것은
선량하지 못하다

생각이 남아있는 것은
선량하지 못하다

초판 1쇄 인쇄　2021년 10월 20일
초판 1쇄 발행　2021년 10월 30일

신고번호　제313-2010-376호
등록번호　105-91-58839

지은이　고상현

발행처　보민출판사
발행인　김국환
편집　정은희
디자인　김민정

주소　서울시 강서구 마곡서로 152, 두산타워 A동 1108호
전화　070-8615-7449
사이트　www.bominbook.com

ISBN　979-11-91181-81-4　　03100

- 가격은 뒤표지에 있으며, 파본은 구입하신 서점에서 교환해드립니다.
- 이 책은 저작권법에 의하여 보호를 받는 저작물이므로 무단 전재와 복사를 금합니다.

생각이 남아있는 것은 선량하지 못하다

자연인 고상현

보민출판사

서론

　도(道)는 중도(中道)를 벗어나 세상의 이치를 확연히 알아차린 것을 말한다. 어떠한 행위를 몸소 직접 겪고 나서, 무엇이 잘못되었는지를 확연히 알아차리고 나서 얻어지는 해답인 것이며, 어떠한 작위(作爲)를 하지 않아야 바른 이치인 것이다.

　어떠한 방법이나 행위에 대해 책을 통해서 얻었거나, 남으로부터 얘기를 통해서 알게 되었다면, 그것은 어떤 바른 방법일지라도 道가 될 수는 없으며, 단지 일반적인 지식인 것이다.

　지식은 어떠한 통로로 알았거나 알게 되었다고 하나, 어떠한 사실을 기술한 것이 지식이며, 그러한 사실이 세상이치에 맞는 정답일 수는 없다. 다만 자신이 그러한 사실을 알고 나서 뭐가 옳고 틀린지를 직접 체험을 통하여 올바른 방법을 몸으로 알게 되었다면,

그것은 지혜이며, 또한 道이기도 하나, 그 행위가 이뤄지고 나서, 그 방법이나 행위에 대한 생각이 남아있으면, 그 행위는 선량한 행위가 될 수 없으며, 또한 道가 될 수는 없다. 道는 오로지 상대방을 위한 행위의 움직임이며, 진정 남을 위한 행위일 때 이뤄지는 것이다.

의도(意圖)는 계산되어진 어떠한 조건적 행위로서, 그 행위가 충족되거나, 마음이 바뀌게 되면 상황이 또 변하게 되지만, 道는 처음부터 정답이어야 하고, 상황이 바뀌거나 조건이 충족되어도 본질은 변함이 없어야 한다.

경험담이나 책을 보고 나서 그 내용대로 행동하거나, 아니면 어떠한 사안이 떠올라, 그것을 응용해서 활용하는 것은 현실하고는 차이가 날 소지가 많다. 그것은 道가 될 수 없으며, 표현을 빌리자면 意圖된 행동으로 현실하고는 거리가 멀 수밖에 없다.

어떠한 사안에 대하여 책을 통하여 알았거나, 남의 얘길 듣게 되면 그것에 대한 자신만의 생각된 계산치가 있을 것이며, 그러한 계획된 행위는 意圖인 것으로, 어느 순간에 이것이 道라고 하면 그건 허풍쟁이다. 순간에 깨달았다는 것은 자기 최면이나 속박을 벗어난 습관의 일부분에 불과한 것이며, 흔히 수행 중에 혹세무민을 현혹시키기 위해 깨달았다 하는 경우도 있는데, 말로서 드러내는 그 순간 이미 道는 아니다.

道는 행위로서 드러나는 사실적 현상인데, 이것이 道다 하는 순간에 意圖의 행위인 것이다. 道는 드러내지 않아도 道인데, 이것이요, 하는 순간 자신을 알아달라는 속심의 意圖가 되어버린다.

    닦을 게 있으면 걸레질하듯
    말없이 문질러 닦으면 되는 것이지
    도(道)는 이렇고 저렇고
    말로 닦는 순간 意圖이다
    意圖를 道라고 하는 것은 우스꽝이다

- 2021년 가을, 자연인

    생각이 남아있는 것은 도가 아니다 ~자연인~

목차

서론 • 4

제1장. 자연에서

자연의 음성 • 16
순리 • 17
순리는 타협하지 않는다 • 18
기쁨의 시작 • 20
비워야 지혜가 생긴다 • 21
두려워하지 말라 • 22
절대로 탈나지 않는 것 • 23
궁리하며 요원하다 • 24
편안해야 행복하다 • 25
정도는 당당하다 • 27
구름아 가자구나 • 28
다듬고 다듬네 • 29
위대한 능력 • 30
잃어야 얻는다 • 32
하늘의 흐름 • 33
뽀드득 뽀드득 • 34
생명을 짓는다 • 35
생각이 남아있는 것은 선량하지 못하다 • 36

배려 • 37

괴리 • 38

자랑하지 말라 • 40

행복의 조건 • 42

오늘이 내 인생 전부 • 43

움직이면 청춘이다 • 44

참 벗 • 45

강한 자 • 46

덕자 • 47

만족한 삶 • 49

지식과 지혜 • 50

편하게 사는 방법 • 51

만인의 친구 • 52

환상과 환희 • 53

실타래 같은 삶 • 54

군자와 소인배 • 55

고이면 썩는다 • 56

놔둬라 • 57

속이 빌수록 겉이 화려하다 • 58

뿌린 만큼 걷는다 • 60

기쁨이 충만 • 61

편안하구나 • 62

봉사하는 순간에 • 63

몸은 나의 주인 • 64

과한 것은 부족함만 못하다 • 66

즐겨라 • 68

체험 속에 진리가 있다 • 69

진정한 부자 • 70

어쩔려구 하지 말라 • 71

경솔하면 손해난다 • 72

남을 탓하지 말라 • 73

가려 가면서 살아라 • 74

감사합니다 • 76

제2장. 자연의 쉼터

건강하고 맑은 삶 • 80

고요해지면 힘이 비축되고 • 81

인내의 선물 • 82

인내가 결정한다 • 83

인내하지 않으면 열매를 얻지 못한다 • 84

인내가 능력이다 • 85

망가진 뒤에야 그 잘못을 깨닫는다 • 86

인격 • 90

사리사욕 사슬의 얽매임 • 91

고통은 기쁨의 씨앗 • 92

힘을 빼고 살자 • 93

고정관념은 괴물이다 • 94

사람의 그릇 • 95

참 지혜 • 97

지혜의 삶 • 98

마음과 행동 • 100

자신을 평가하지 말라 • 101

남을 위하는 게 진리이다 • 102

몸의 배움인 지혜 • 103

의도는 욕심이다 • 108

현인과 우인 • 110

인간과 자연 • 111

그냥 즐겨라 • 112

실행하지 않은 것은 헛꿈에 불과하다 • 113

휘둘림 • 115

망가짐과 회복되어짐 • 116

진전한 승자 • 117

중용 • 118

중도 • 119

세상 사람들이 웃는다 • 120

청량한 오월 • 121

제3장. 수행편

아주 내려놓아라 • 124

아픈 만큼 성숙해진다 • 125

고통은 선량하다 • 126

명상과 수련 • 127

참 수련 • 128

수련하면 웃는다 • 129

수련은 잠자는 자신을 깨우는 것이다 • 130

마음과 몸 • 131

참 수행 • 132

고행을 하면 행복하다 • 133

몸은 주인이고 마음은 객이다 • 134

몸소 겪은 만큼 • 136

기운 • 137

기운을 얻는 것 • 138

생명에너지 • 139

건강하면 천하 부러울 게 없다 • 141

내공력을 길러라 • 142

부드러운 자연에너지 • 145

에너지의 비교 • 146

부드러움의 경지 • 147

무소유 • 149

잘 나갈 때 조심하라 • 151

부족한 것이 더 위대하다 • 154

성공과 실패 그리고 수성 • 158

제4장. 몸과 대화

몸의 움직임은 진리이다 • 162
그냥 놔둬라 • 165
근본으로 돌아가라 • 166
되어짐은 무한대의 자연이다 • 169
근본의 위대함 • 171
운명론 • 172
운명을 바꾸고 살아라 • 175
이견이 사라짐 • 178
잘 되어짐을 경계하라 • 179

자연 그대로
있는 그대로
더도 덜도 말고
꾸밈도 없이

자연 그대로 보다
더한 가치는 없으니

제1장

자연에서

자연의 음성

고운 마음은
손으로는 만질 수 없어도
가슴으로는 느낄 수 있고

고운 숨결은
눈으로 안 보여도
가슴으로는 그대로 전해온다

자연의 음성이
귀로는 안 들려도
가슴으로는 또렷이 들려온다

순리

남을 이롭게 하는 것은
자신을 위한 것이고

남을 해롭게 하는 것은
자신을 망치는 것이다

註)
순리는
베풀어야 얻게 되는 자연의 구조로
남을 이롭게 하면 행복이 찾아든다

순리는 타협하지 않는다

순리는 있는 자체이다
되어져 감이 순리이며
되어져 가는 과정은 질서정연하다

되어질 것을 예견하는 것은 궁리이며
전개되는 과정마다 괴리가 나타난다
예견하는 것은 모순이며 구실이다

되어져 가는 과정은
그 자체이기 때문에 어떠한 변형이 없다
순리는 타협의 대상이 아니다

註)
생각을 앞세우면 궁리이고
몸이 되어야 알아차림이다

자연은 되어지면서 진화를 거듭한다 ~자연인~

기쁨의 시작

꽉 찬 것보다
덜 찬 것을 즐거라

꽉 차 있는 것은
이루기 힘들며
혹 이뤘다 해도
불만의 연속이다

덜 채워져 있는 것은
지금 이 순간부터
채워져 있으니
기쁨이 시작된다

비워야 지혜가 생긴다

잡생각에 흐려져 있으면
지혜는 얻지 못한다

맑아져 있어야 지혜가 들어오며
흐려져 있으면 혼탁하여
지혜인지 잡동사니인지 분별이 안 되어
옥석을 가릴 수가 없다

머리가 맑아지려면
산책, 명상, 여행 등으로
마음을 내려놓아야 한다
비운 틈새로 지혜가 들어온다

몸을 편안하게 유지해야
마음이 차분해지고
비워진 마음을 타고
지혜가 들어오게 된다

두려워하지 말라

당황하거나 두려워 말고
겁내거나 놀라지 말라
눈앞에 위급한 상황이 벌어졌어도
될 수 있으면 당황하지 말고 침착하라

당황하면 정황을 정확히 볼 수 없다
현재 처한 상황이 작거나
아무것도 아닐 일일 수도 있으며
서둔다고 빨리 해결되는 것도 아니고
서둔다고 쉽게 종결되는 것도 아니다
서둘수록 명확한 판단이 서질 않아 손해날 경우가 많다

설령 몸에 불치의 병이 있다 해도 두려워하지 말라
강도가 나타났다 해도 서두르지 말라
두려움을 갖게 되면 상황판단이 정확하지 않는다

절대로 탈나지 않는 것

이 세상에서 일어나는 행위는 과하면
탈나고 잘못되어지기 마련인데
지나쳐도 탈나지도 않으면서
설령 넘쳐나도 아무런 문제가 되지 않는 것은

양보하고
용서하고
부드럽고
배려하는 것이다

궁리하면 요원하다

부모 공경하고
처자 잘 부양하고
땀 흘려 일하고
어려운 이웃과 나눔하며
남을 위해 사는 것이 정도이다

자신만을 위해 사는 것은
자신을 망치는 일이다

바르게 행하면 의인이고
생각에 머무는 건 궁리이다
무심코 옳게 행하면 도인이다

註)
행동하면 얻어지나 궁리하면 요원하다
실천하면 얻어지나 의도하면 요원하다

편안해야 행복하다

흔히들 말하는 '행복하다'는 것은
편안함을 얻어야만 행복을 얻는 게 아닐까 싶다

'편안하다'를 얻으려 하면
'건강이 있어야 하고
돈과 여유가 있어야 한다'라고 말들을 하겠지만
원하는 것을 충족시켜 주는데도
편안함을 얻지 못하는 경우가 있을 것이다

가령, 잠자리에 들었을 때 마음이 편안해야
잠이 쉽게 들을 수가 있을 것이다
마음 어딘가 불편하다면
그 원인은 근심, 걱정, 고민일 것이다
고민에 빠져 잠을 뒤척일 경우, 행복하다는 생각이 들까?
반대로 행복에 빠져 잠 못 이루는 경우도 있을 것인데
잠이 안 와도 행복에 겨워 좋아서
잠 못 이루는 경우 행복하다고 할 수 있겠다

그러나 사실은 편안함을 얻으려 하면
몸이 환경에 이르러야 편안하다
편안한 잠자리, 안락한 여행, 편안한 휴식, 안정된 명상 등으로

몸이 안락함에 다가서야 편안함을 이루게 된다

사람들이 보통 말하는
마음이 편하지 못해서 잠 못 이룬다고들 하는데 과연 그럴까?
고민 등 걱정거리에 헤매어 잠 못 이루다가
어느 순간에 자신도 모르게 잠들게 되는 경우가 생긴다
몸이 지쳐서, 눈꺼풀이 무거워서
잠이 들게 되는 경우도 있을 것이다

마음 때문이라면 고민에 고민이 쌓여 잠 못 이루다 가도
너무 졸리면 잠들 수밖에 없을 것이다
잠이라는 것은 우리 몸의 충전을 위해 잠을 자게 되어있다
잠을 자줘야 에너지가 충전되어 지친 몸이 회복된다

잠을 못 자게 되면 지치고 피곤할 것이다
지치다는 것은 몸이 피곤하고 굳어서
회복이 안 되어있는 상태를 말한다
결국은 충분한 휴식을 취해줘야 편안함에 이르게 되며
몸은 행복을 얻게 된다

마음의 출렁거림은 일시적으로 작은 것이며
마음의 행복은 순간적인 것이다
우리는 몸이 원하는 대로 휴식을 얻어야만 평화가 지속이 된다
몸의 편안함을 얻기 위해 충분한 잠을 자야 하는 것이다

정도는 당당하다

비움에는 두려움이 없다
정직에는 두려움이 없다
양보에는 두려울 게 없다
배려에는 두려울 게 없다

구름아 가자구나

건강에 연연함을 버렸네
명예에 연연함을 버렸네
재물에 연연함을 버렸네
사랑에 연연함을 버렸네

세상에 이렇게 편할 수가..

다듬고 다듬네

욕심은 마음에서 일어난 발상이라
실행이 없으니 결실을 얻질 못한다
賢子는 열심히 땀으로 갈고 닦아서
흘린 땀방울만큼 결실을 얻어간다

온전히 정성을 다해 살아가게 되면
세상은 선량한 당신 편이 되어주고
땀방울 흘린 세월만큼 그 보답으로
여유로운 일상이 당신에게 향하네

賢子는 오늘의 기쁨을 얻기 위하여
이른 새벽부터 하루 맞을 준비하고
항상 여유로움을 열어가기 위하여
엄동혹서 불철주야 다듬고 다듬네

위대한 능력

위대한 능력이란
어제와 오늘도 변함없이
한결같은 마음으로
일상에 임하는 것을 말한다

아무리 뛰어난 능력일지라도
단발성에 그친다면
성과가 미약할 뿐더러
크기 또한 보잘 것 없이 작다

위대한 업적은 보통의 일상에서
연속성으로 쌓아 올린 것을 말하며
작은 일이라도 연속성으로 대처한다면
어떤 탁월한 능력보다도 크고 위대하다

평범한 일상일지라도
연속성으로 살아간다면
이 세상 못 이룰 일 없으며
꾸준한 일상에 대적할 대상은 없다

한결같은 행동으로 꾸준히 쌓는다면

이 세상 무엇보다도 크고 위대하다 ~자연인~

잃어야 얻는다

씨앗이 썩어야만 새싹이 나듯
낚싯밥을 주고 나서야 고기를 낚으며
뼈를 깎는 고통을 넘기고 나서야 큰 기쁨을 얻는다

주지 않고 얻는 것은 결실이 작으며
노력하지 않고 값진 것을 얻을 수 없다
쉽게 얻은 것은 귀한 걸 모르니
쉽게 나가버리고 만다

기쁨이란 자신이 노력해서 얻어진 결과물이며
노력은 하지 않으면서 얻으려 한다면
결실은 형편없으니 큰 기대하지 말라

하늘의 흐름

하늘은 흐르고 있지요
열심히 사는 사람에게는
더 많은 능력으로
일할 수 있는 기회를 줍니다

그 일은 이치에 따라
순리에 따르는 자에게는
더 많은 능력을 주지요

행여, 역행하면 걷어갑니다
부지런한 사람에게는
더 많은 일과 능력을 주며
나태한 자에게는 걷어갑니다

하늘의 흐름은 오차도 없으며
뜻이 바르고 큰 사람에게는
원대한 기운으로 호응하며
또한 외상거래는 하지 않습니다

뽀드득 뽀드득

뽀드득 뽀드득
어슴츠레한 새벽녘에
눈 덮인 산길 걸어간다

뽀드득 뽀드득
한 걸음마다에 온 마음 부려놓고
한 걸음마다에 지친 몸 다듬는다

뽀드득 뽀드득
눈길 따라 마음은 하얘지고
자연을 닮아서 몸은 두둥실

생명을 짓는다

농사를 짓드시
집을 짓드시

먹을거리에서
마음가짐에서
행동거지에서

소박하고 간결하게
이왕이면 넉넉하게
상대에게 이무롭게

몸과 마음을 다해
정성껏
짓고 짓는다

생각이 남아있는 것은 선량하지 못하다

근본에 다가설수록 생각이 작아지고
근본에 다다르면 생각이 의미가 없어지고
근본에 이르면 에너지가 창대하다

근본에 이르면 편안하고 안락하고
만족감은 극대치에 이르게 된다

생각이 많을수록 근본에서 멀어지고
생각이 남아있는 한 순수하지 못하다

배려

아픈 마음 보듬어주고
아픈 상처 보살펴주고
잘못된 걸 바르게 이끌어주고
상대방이 부족할 걸 채워주고

세상의 엉킨 것
실타래 풀어가듯
끝없이 헤아려주는 것이 배려이다

댓가를 바라고 행한 것은 배려가 아니다
댓가를 바라고 행한 것은 거래일 뿐이다

괴리

욕망이란
채우려 하는 기대치가 담겨진 마음으로
단지 욕구일 뿐으로, 현실로 이뤄진 것이 아닌
사실과는 동떨어진 것일 수도 있다
결국에는 현실로는 이뤄지지 않는 욕구로
사실과 다르므로 괴리일 뿐이다

우리 몸은 주어진 여건대로만 적응하며 살아가는 생명체로
주어지고 다가서 있는 것 외에는 알 수도 없고
또한 바라지도 않는다

몸은 알 수도 없는 것을
마음으로만 일으키고, 허물기를 하며 살아가는데
몸은 다가서 있지 않는 것은 알지도 못할 뿐더러
바라지도 않는다는 사실로,
몸과 마음은 서로가 각각 동떨어진, 서로가 다른 사이인 것이다

일상에서 마음이 하자는 대로 살면 고달프고
몸이 하자는 대로 살면 편안하고 행복한 것이다

여기에서 보면

지혜롭게 사는 방법이란 생각을 최대한 줄이고
여건이 주어진 만큼 사는 게 현명한 삶인 것이다
생각을 지우고 살수록 행복지수가 높게 된다

註)
괴리(생각)는 현실(몸)하고 다른 허상으로
괴리(생각)를 줄이고 사는 것이 지혜로운 삶인 것이다

자랑하지 말라

힘자랑하지 말라
힘은 다스려 써야 하는 연장이다
평생 사는 동안 아끼면서 살아야
탈도 덜 나고 고갈되지 않게 쓸 수가 있다
자랑하는 순간 고갈이 시작되고 언젠가는 무너지고 만다

돈자랑하지 말라
돈은 아껴 써야 하는 연장이다
사는 동안 연장 다루듯 써야 고갈되지 않는다
자랑하는 순간 내 것이 아닌 남의 것이 되고
남의 것이 되면 절대로 돌아오지 않는다

재능을 뽐내지 말라
재능은 자신의 내공이다
평생 다듬으며 이롭게 써라
말보다는 행동으로 다가서고
말하고 나서 행하면 거짓이 담겨있다

건강자랑하지 말라
건강은 지켜가는 것이 아닌
소박한 관리만이 유일한 방법이다

자랑하는 순간부터 무너지기 시작하며
언젠가는 무너져 있는 자신을 한탄하게 된다

행복의 조건

건강이 있어야 한다
돈도 있어야 한다
일이 있어야 한다
사랑이 있어야 한다
벗이 있어야 한다

열정이 있으면 좋다
취미가 있으면 좋다
음악이 있으면 좋다
여유가 있으면 좋다
술이 있으면 좋다

오늘이 내 인생 전부

오늘을 다듬고 살면 평생 단정하고
오늘 부지런히 살면 평생 여유롭고
오늘 대충 살면 내 인생 그저 그렇고
오늘 하루가 내 인생을 결정짓는다

움직이면 청춘이다

주저하면 늙음이고
움직임은 청춘이다
안도하면 늙음이고
떠나면 청춘이다

고정관념은 퇴행이며
주저앉으면 퇴보하고
시작하면 청춘이고
도전하면 젊음이다

젊음은 행동하는 것이고
늙음은 주저하는 것이다

참 벗

며칠 못 보면 보고 싶고
만나면 정겹고

못 보면 궁금하고
항상 머리에 떠오르고
기쁠 때, 외로울 때 생각나고
내 모든 것 주어도 아깝지 않는 벗이
참 벗이다

참 벗은
상대방에서 찾으려 하면 답이 없으며
내가 다가서고
내가 주는 만큼
내 안에서 찾아야만 얻는다

강한 자

힘이 쎈 자가 강한 자가 아니라, 이기는 자가 강자이다
힘으로 눌러 상대를 굴복시켜야 강자가 아니라,
상대를 인정하여 높여주는 자가 진정한 강자이다

힘으로 굴복시키면 반드시 부작용으로 손해가 많고
자신을 높이면 결국에는 상대에게 무시를 당하고
잘난 척 드러내면 드러낸 만큼 망가지는 게 이치이다

상대를 높여주면 자신이 낮아지는 게 아니라
상대는 진심으로 다가와 나를 대접하게 된다
상대를 얕보고 낮출수록 자신은 더 낮아지고
상대방을 높여줄수록 자신이 높아지는 게 이치이다

자신이 잘난 척하고 으시대며 드러내길 좋아할수록
상대방은 그런 사람을 경계하여 가까이하길 꺼려한다
자신을 낮추면 상대방은 마음을 열고 벗이 되어주려고
다가서는 게 물이 낮은 곳으로 흘러가는 이치이다

덕자(德子)

살다 보면 주변으로부터 본의 아니게
신경 쓰이거나 거슬리는 언동을 듣게 되는데
이럴 경우 누구나 마음의 동요가 일게 되는 것은
당연한 것이다

수양이 부족한 치졸자는
참아내지 못하고 바로 못마땅한 성격을 고스란히 드러내거나
화를 다스리지 못한다
그러한 자는 자신의 과오인데도 바로 알아차리지 못하고는
남의 탓으로 돌리고 즉각적인 반응을 하거나 속으로 끓는다
언제 기회가 되면 골탕 먹일 궁리를 하거나
복수할 것을 마음속 깊이 간직하게 된다
이러한 자는 부정적인 성격인지라 주변의 사람들이 기피하니
고독하게 되기 십다

수양이 되어있는 인격자일수록 참고 참아내어
마음을 다스리고 또 다스린다
당장 어떻게 해서 결단내기보다는 하루 이틀 생각해보면서
상대방 잘못도 자신의 탓으로 돌려서 털어내 버리려 하며
상대를 감싸고 수용하려고 애쓴다

매사 긍정적으로 상대방을 대하며

만사 그러려니 얽매임 없이 살려고 애쓴다

상대방을 편안하게 포용함으로써 주변으로 인심을 얻게 된다

만족한 삶

아픔도 한올한올 풀어내는 것이고
원망도 한올한올 풀어내는 것이고
질병도 한올한올 풀어내는 것이고
엉킨 것 한올한올 풀어내고 살아라

순리는 한올한올 풀어가는 것이다
풀어내고 사는 것은 진일보하는 삶이고
풀어내지 않고 사는 것은 퇴보하는 삶이다
이 세상 삶은 풀어가며 사는 게 정답이며
풀어내고 살면 삶은 좋은 방향으로 전개된다

풀어내고 살면 삶이 순탄하여 만족하고
풀지 않고 살면 삶이 엉키어 불만스럽다

지식과 지혜

지식은 갈증을 키우는
짐덩어리이며
지혜는 갈증을 씻어주는 샘물이다

지식이 많으면
불평이 많아지고

지혜가 많을수록
불평이 사라진다

편하게 사는 방법

자신을 낮추면
낮춘 만큼 편해지고

자신을 높이면
높인 만큼 불편하다

만인의 친구

남을 탓하고 원망하는 자는
부정적인 사람으로
고루한 삶을 살아가며
주변으로부터 따돌림받는다

스스로 반성하고 인내하는 자는
긍정적인 사람으로
화목한 삶을 살아가며
만인이 친구가 되고자 한다

환상과 환희

자신으로부터
얻어지는 것은 환희이다
상대방으로부터
얻어지는 것은 환상이다

몸을 다듬으면 환희요
마음을 가다듬으면 환상이다
환상은 쉽게 깨져버리지만
환희는 쉽게 깨지지 않는다

마음의 고통을 넘어서야 기쁨이 있고
몸의 고통을 이겨내야 환희가 있다
환희는 고통을 즐겨야 얻게 된다

고통을 회피하면 고통이 끊어지질 않고
고통을 극복하면 기쁨으로 연결된다
절제를 몸으로 느껴야 환희를 얻게 된다

註)
환상은 마음의 즐거움이고
환희는 몸의 기쁨이다

실타래 같은 삶

사람들은 실타래처럼
얽히고설킨 사연들을
풀어가면서 살아가는데

연결고리를 잘 찾아내어야
엉킴 없이 결대로
자연스럽게 풀어갈 수가 있다

성급히 풀려고 하거나
억지로 풀려고 하면
실타래는 엉켜버려 풀 수 없다

서둔다고 쉽게 해결되지 않으며
차분하게 결대로 풀어야만
엉킴 없이 풀어갈 수가 있다

군자와 소인배

소인배는
능력보다는 많은 걸 바라고
혹여 기대에 못 미치면 속을 드러낸다
자신의 과오도 남의 탓으로 돌리고
남을 멸시하거나 헐뜯고,
그러다가 만인으로부터 질시 받고
결국엔 추락하고 만다

군자는
매사 최선을 다하고
결실은 순리에 따른다
자신보다 남을 배려하고
남의 허물도 자신의 품으로 감싸며
자신을 낮추니 세상이 그를 높여준다
세상의 법칙이 원래 그러하다

고이면 썩는다

생각이 고이면 마음이 탁하고
양분이 고이면 몸이 병을 얻고
강물이 흐르지 못하면 썩는다

부족한 걸 즐겨야 심정이 맑으며
부족한 섭생에서 건강을 얻는다
부족한 일상에서 행복이 샘솟는다

놔둬라

놔둬라
어찌해 보려고 하는 순간
괴리가 시작된다

놔둬버리면
순리에 따라 되어지고
탈나지 않을 뿐더러
얻어지는 결실이 아주 크다

어찌해 보려는 순간에
괴리는 시작되고
망가지고 구겨지고
도처에 가시밭길이며
결실은 아주 미미하다

속이 빌수록 겉이 화려하다

명품 좋아하고 겉치장에
신경 쓰는 자 별 볼 일 없다
속이 비면 빌수록 겉치장에만 신경 쓰고
사치하는 걸 좋아한다

속이 빌수록 남에게 잘 보이려
겉에만 신경 쓰게 된다
속이 빌수록 말이 많고
많이 아는 것처럼 떠들어댄다
가진 게 없을수록 가진 척하고
오로지 겉치장에 신경 쓰며
가진 게 많을수록 티내지 않으며 검소하다

지식이 많을수록 말이 많고
지혜가 많을수록 말보다
눈빛으로 마음으로 대화한다

속이 꽉 찬 사람일수록 말수를 줄이며
속이 꽉 찬 사람은 드러내지 않으며 소신껏 산다

건강한 사람일수록 식탐하지 않으며

식탐하는 자일수록 질병이 많으며 명이 짧다
내공이 깊을수록 드러내기보다는
자신을 낮추며 산다

뿌린 만큼 걷는다

우리가 사는 곳은 무한대 공간이다
그 공간에다 자신만의 결집력으로
어떠한 형태로든 간에 모양새를 이루며 산다

그러나 어떠한 구도를 내어놓지 않으면
아무것도 이룰 수 없는 게 현실이다
정성으로 살면 값진 것을 얻으며
무성의로 대응하면서 좋은 것을 기대할 수는 없다

항상 열려있는 눈으로 현실을 열어가야 하며
살아가는 과정들로 각자의 인생을 만들어가며 산다
우리 모두가 개척자인 것이다

뿌린 만큼 걷으며
주는 만큼 얻으며
행하는 만큼 걷는다
행하지 않으면 얻는 게 미약하다
외상은 없다

기쁨이 충만

자신을 내려놓으면
세상이 보이고
자신을 벗어버리면
세상을 얻는다

모두를 벗어버리면
자연을 얻고
죽음에 이르러도
기쁨이 충만하다

편안하구나

무거운 짐 내려놓듯
힘든 것 벗어버리면
내 몸은 가벼워진다

마음으로 벗으려 하면
행한 게(修行) 없으니
항상 버겁기만 하고

몸으로 부딪치며
수행(修行)하였으니
언제나 편안하구나

봉사하는 순간에

봉사하는 순간에
마음은 편안하고
몸은 가볍고
기쁨은 가득하네

봉사하는 순간에
사랑의 씨앗이
몸 안에 열매를 맺어
행복으로 다가오네

봉사하는 순간에
맺힌 땀방울은
기쁨의 결실을 맺어
행복의 삶 열리네

몸은 나의 주인

몸을 귀히 여기지 않으면
몸은 마음으로부터 떠나려 한다

마음은 내가 아니고 객이다
몸을 망가뜨리는 게 마음인데
진정한 주인이 아니지 않은가?

마음은 가짜 소굴이요
본체가 드러나지 않는 허상인데
그게 어찌 내가 될 수 있단 말인가?

나의 주인은 몸뚱이다
몸뚱이가 하자는 대로 해봐라
바로 행복이 시작된다

마음이 하잔 대로 하면
진의를 모르니 불만투성이고
평생 허덕이며 살게 된다

성현들은
몸에서 마음을 떼내버리고

몸의 움직임만으로 일상을 연다

마음은 팔다리도 없으면서
멋대로 휘젓는 걸 좋아하고
귀하게 대접하면 끝도 없이
물고 늘어지고 귀찮게 군다

아무렇게나 팽개쳐 두게 되면
금방 제풀에 지쳐버리게 된다

마음은 다스리는 게 아니다
마음 다스리는 건 공염불이다
그냥, 놔두면 된다
원래가 없었던 것이니깐…

      인생의 참 행복은

         비움의 멋을 알고 사는 것이다 ~자연인~

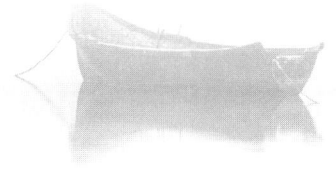

과한 것은 부족함만 못하다

사람들은 건강한 몸을 만들기 위해 열심히 운동을 하는데
근력 위주의 운동방법인 헬스, 축구, 등산, 조깅, 자전거 타기 등
지나치게 할 경우 건강하기보다는 오히려 탈나고 망가져서
몸이 건강을 잃게 된다

등산, 헬스 등 근력운동을 지나치게 하면 피로감, 혈탁,
신체 불균형 등으로 몸이 경색되어 심한 운동의 후유증으로 인해
건강보다는 만성질환을 앓게 되는 경우가 많다
아무리 좋은 운동도 정도를 벗어나서 과하게 하면
건강을 해치는 경우를 많이 보게 되는데,
건강을 지나치게 자신하는 부류의 사람들이
오히려 세상을 일찍 떠나는 경우가 많다

건강을 뽐내는 등 자신하는 사람들의 말로는 그다지
곱지 못하는 예가 많으며, 어떤 운동이든지 좀 부족하게 하되
꾸준하게 하여 주는 게 최고의 건강 비결이며,
부족한 듯한 운동은 진정으로 몸이 바라는 운동법으로
몸의 에너지가 항상 충만하여 건강한 삶을 누릴 수 있는
원동력이기도 하다

재물, 사업 투자, 금전 대여 등으로 큰 손실은 입게 되는 것은

분명 어느 한 구석을 살펴보면,

자신의 욕심에서 화를 부른 것임을 알 수가 있으며,

주변과의 신의(信義) 관계가 무너지는 것 역시,

자신의 일방적인 욕심, 즉 과욕에서 시작되었음을 알 수가 있다

정도로 가면 누구나 부족하고 덜 되어 보이는 듯해서,

어떤 면에서 손해보는 것 같지만

자신의 행위를 세밀하게 관찰해보면

결과론적으로 이익을 취하게 된다는 사실이다

서두르고, 꽉 채워가는 것처럼 보이는 일들이 결과치를 보게 되면,

서두르지 않고 덜 채워가는 정도로 행하는 것보다

결코 이익되는 경우는 없다

사람들은 자신의 이익만을 내세우며 남을 업신여기는 등

피해를 입히며 사는데,

상대방으로부터 되돌아오는 반감 등으로

되려 당연히 손해를 보게 된다

즐겨라

매사 즐겨라
즐기고 사는 것이 도다

돈을 벌어도 즐겁게
돈을 써도 즐겁게
일을 해도 즐겁게
무얼 해도 즐겁게

몸을 움직여야 진리이고
몸의 움직임이 쾌감이다
움직임 속에서 기쁨이 생긴다

註)
몸과 마음이 가벼운 행위는 진실이 담겨있고
몸과 마음이 무거운 것은 위선이 담겨있다
즐겁게 사는 것보다 더한 가치는 없다

체험 속에 진리가 있다

앉아서 생각하는 것은
일상에서 오차가 많으며
일상에서 느껴가며 알게 되는 것은 진실하다

체험하면서 배우는 것은 쓸모가 크고
책으로 배우는 것은 쓸모가 작다

생각에서 얻어낸 것은 쓸모가 작고
생활에서 배우는 것은 쓸모가 크다

부딪혀서 잘못을 알아차리면 반듯하고
일상에서 배우는 것은 지혜 자체이며
고통을 통하여 알아차리는 것은 보배이다

진정한 부자

돈이 많아야 부자가 아니라
쓰임의 가치를 가져야 부자이다
쓰임에 따라서 돈의 품격이 다르다

돈을 쌓아놓아야 부자가 아니라
사용의 품격을 갖추어야 부자이며
가치를 잘 활용하여야 지복하다

돈의 사용을 방탕에다 쓰임하면
오히려 거지보다도 못한 삶이며
사용이 지나치면 화(禍)를 입는다

돈의 쓰임이 선량하면 복을 짓고
      쓰임이 불량하면 흉기로 돌변한다 ~자연인~

어쩔려구 하지 말라

상대에게 무엇을 어쩔려구 하지 말라
내가 원하는 걸 상대에게 강요하면 득보다 실이 많고
상대가 원하는 걸 관망하여야 이득이 많다

또한 자신에게 어쩔려구 하지 말라
저절로 되어져 감을 살피고
되어져 가는 것을 만족하고 살아야
이게 행복이구나를 느껴가며 살게 된다

누구나 삶의 무게만큼
자신의 몸에 그려가며 사는 것이다

경솔하면 손해난다

잘난 척 드러내거나
남을 얕잡아 함부로 행동하면
업신여김을 받거나 망신당한다

자랑한 만큼, 드러낸 만큼
손해날 수밖에 없는 것은
세상 저울의 움직임 때문이다

상대방을 존중해주어야
소중한 사람으로 소통되어
서로가 귀한 대접을 받게 된다

남을 탓하지 말라

자신이 얻은 지식이나 느낌으로
세상을 논하거나 상대방을 탓하지 말라
자신의 관점에서 옳다고 할지라도
세상의 관점에서는 아닐 수도 있다

남과 비교하는 것은 부정적인 발상이며
이해를 얻으려 할수록 우위적(優位的)인 행동이다
남을 이해하려는 것은 긍정적인 행위이나
남에게 이해를 얻으려 할수록 모순이다

스스로 되어짐이 순리의 본질이며
되어짐을 미리 정답을 구하기는 억지이다
남의 탓으로 돌릴수록 우매한 행동으로
스스로가 복을 걷어내 버리는 행위이다

가려 가면서 살아라

옹졸하고 인간미 없는 사람
남을 피해 입히는 걸 예사로 하는 사람
불량하고 재수가 없어 보이는 사람은
될 수 있는 한 피하고 사는 게 좋다
그래야 액운을 덜고 좋은 흐름을 탈 수가 있다

탁기가 많고 음습한 장소는 피하고 살아라
오염된 장소는 될 수 있으면 피하고 살아라
기분이 내키지 않은 곳은 가지 않는 게 좋다
그래야 피폐를 줄이고 선량한 기류로 이어진다

사람은 환경에 따라 동화되고

선택에 따라 희비가 교차된다 ~자연인~

감사합니다

노을이 타오를 때 석양을 바라보라
미치도록 좋은 것은 내가 살아있기 때문이다
이른 봄 터트리는 진달래 꽃망울을 보아라
바라보는 자체만으로도 환희를 느끼리라

이 세상일이 아무리 괴롭고 힘들다 해도
내가 숨 쉬고, 느껴가며 살아가는 자체만으로도
기쁘고 감사할 일이다

감사한 마음으로 세상을 살아가노라면
모든 일이 저절로 되어져 감을 느껴가기 때문에
살아가는 길이 아주 수월해질 것이다
설령 어려운 일이 닥치더라도 쉽게 극복하게 되고
또한 새롭고 좋은 일로 연결되어지게 된다

매사 감사한 마음으로 세상을 바라보고 대하면
궂은 일은 저절로 사라지고, 좋은 일이 자연스레 연결되어
흥겨운 콧노래가 나오고 행복이 저절로 찾아온다

감사합니다
매사 '감사합니다'라는 자세로 일상을 열어가면

몸은 환희의 춤을 출 것이다
감사합니다는 나의 신앙이요, 나의 분신처럼!

기다림

되어짐을 주시하면
얻음이 창대하리라

되어질 것을 바라면
얻음이 작아지리라

인내하고 기다리면
못 이룰 게 없다

제2장
자연의 쉼터

건강하고 맑은 삶

아침에 산책하면
하루가 가볍고 건강하며
날마다 산책하면
평생이 가볍고 건강하다

새벽에 명상하면
하루가 길고 맑으며
날마다 명상하면
인생이 길고 평생 맑게 산다

고요해지면 힘이 비축되고

고요해지면 힘이 비축되고
산만해지면 힘이 소진된다

자연은 고요해지려는
속성이 있으며
고요함 속에는 무진장의 에너지가 있다

고요하여야 최대 에너지가 충전되고
산만하면 에너지가 소진되고
극렬하면 에너지가 탕진된다

인내의 선물

참아낼 수 없을 만큼
고통이 따른다 해도
입가에 미소를 띠우고 나면
그 고통은 사라지고 만다

누구나 고통을 만났을 때 포기하면
모든 게 끝나버리고 만다
그러나 고통이 찾아왔을 때
한 번 더 해보겠다고 인내하면
새로운 힘이 생겨나게 된다

한 단계 성장하기 위한
그 관문이 고통이다
고통은 순간이 지나고 나면 사라지며
고통을 이겨낸 자만 기쁨이 안겨진다

인내가 결정한다

끝까지 극복하는 자가 성공하는 것이고
끝까지 살아남는 자가 장수하는 것이다

역경을 이겨야만 뜻을 이루고 살게 되며
인내하는 자만이 좋은 결실을 얻고 산다
중도에 포기하면 아무것도 이룬 게 없다

인내하지 않으면 열매를 얻지 못한다

인내를 하지 않으면 열매를 얻지 못하며
명상을 하지 않으면 기쁨을 얻지 못하며
고행*을 하지 않으면 환희*를 얻지 못한다

註)
* **고행** : 몸의 고통을 통하여 진리를 앎
* **환희** : 몸의 알아차림을 통하여 얻는 혜안의 기쁨

인내가 능력이다

힘들 때 포기하면 모든 게 끝나버립니다
힘들어도 그것을 이겨냈을 때에
어려움을 극복할 수 있는 힘을 얻게 되는
놀라운 일이 발생하구요

세상일은 인내를 넘기고 나야만
그 해결방법을 알게 되는 구조로 되어 있지요
어렵고 힘들 때 포기하지 않으면
반드시 그걸 넘기는 힘이 생기며
힘든 일이 극복되고 말지요

인내를 통해서 그 힘이 주어지며
고통스럽고 힘들었을 때
그것을 극복하지 못하면
새로운 에너지는 고통 뒤에 숨어버려
무능으로만 남게 되지요

고통을 극복하여야만 새로운 힘을 얻을 수 있으며
또한, 기쁨을 누릴 수가 있습니다
고통은 그냥 고통일 뿐이며
그 고통 뒤에는 성장된 모습으로 거듭 태어나게 됩니다

망가진 뒤에야 그 잘못을 깨닫는다

비 온 다음에 땅이 더 다져지고,
돈 빌려주고 뜯겨본 다음에야 돈을 안 빌려주게 된다

대부분의 사람들은 화장실 갈 때와 올 때 다르다.
돈을 빌려갈 때는 간, 쓸개 다 빼줄 것처럼 온갖 달콤한 말을 하는데, 빌려준 돈 받으려고 하면 엎드려 절을 수백 수천 번 해도 돈을 되돌려 받기는 하늘의 별따기보다 어렵다. 오죽하면 그 사람하고 원수로 지내려면 돈을 빌려주라는 속담이 있으며, '돈을 빌려주지 말라'라는 가훈을 정해놓고 통한의 삶을 사는 사람도 주변에 많이들 보게 된다.

이와 같이 사람들은 겪고 나서야 지혜를 얻는다.
골백번 돈을 빌려주지 말라는 문헌, 주변 사람들로부터 조언을 얻게 되지만, 자신과는 상관없는 남 얘기로 흘려듣게 되다 가도, 수중에 돈이 좀 생기면 입이 근질거려 돈 있다고 은근히 자랑하게 된다. 돈 자랑은 누가 내 돈을 가져가 달라는 푼수짓이라는 걸 모르다가, 돈을 잃고 나서야 절대로 돈을 빌려주면 안 된다는 지혜를 얻는다.

남의 돈 공돈이라는 개념의 사람들은 돈 냄새를 기막히게 잘 맡으며, 누기 돈이 있는 걸 냄새를 맡고는 수단방법을 가리지 않고 기

어코 그 돈을 낚아채 버린다. 또한 사람이 한평생을 살다 보면 금전 거래, 보증문제로 사기당하는 뼈아픈 경험을 하게 되는데, 사기는 주로 아는 사람한테 당하게 된다. 선배, 후배, 친인척, 지인 등 예전에 잘 아는 관계로 확실한 문서 없이 구두로만 어떻게 해주겠다는 약속 등으로 금전이 오가는데 백발백중 당하게 되어있다. 시간이 지나면서 돈 잃고 사람 잃게 되는데, 대부분 사람들은 당하지 않으면 모른다.

공무원이나 교육계 등에서 정년퇴직한 사람, 부동산 처분해서 목돈이 좀 있겠다 싶은 사람들의 돈은 먼저 본 사람이 임자라는 말이 있다. 돈 냄새 맡고 덤벼드는데 그 사람들은 남의 돈 빼먹는 것은 호박씨 까먹는 것보다 더 수월하다고나 할까. 귀신 혀 내두를 정도로 눈 깜빡할 새에 빼먹는 기술로, 권모술수에 뛰어나기 때문에 사기당하는 순간에 놓여있는 대부분의 사람들은 황홀경에 빠져든다. 저 사람 만나서 고생 끝났으며 앞으로 행복감에 젖어 들뜬 순간, 그 이익금으로 미래의 청사진을 꿈꾸는 순간이 꼼짝없이 눈뜨고 사기를 당하고 있는 순간일 것이다.

사기당하지 않는 법을 열거하면 다음과 같다.
① 돈 자랑하지 말라. (자랑하는 순간 이미 내 돈이 아니다.)
② 돈 빌려주지 말라. (빌려주면 원수지간이 되니 꼭 빌려줘야 할 돈이라면 받을 생각을 접고 헌납하라. 돈은 부자지간에 빌려줘도 금이 가며, 사람은 거짓말을 안 해도 돈이 거짓말하므로 어쩔 수 없다.)
③ 부동산 투자 믿지 말라. (사두면 금방 따블, 따따블 된다는 것은 이

세상에 존재하지 않으며, 현장에 가보지 않고 말만 듣고 사는 토지는 쓸모없는 부동산이거나, 도로 없는 맹지는 평생 매도할 수 없는 부동산으로 봐야 한다. 부동산은 꼭 자신이 필요한 토지, 상가, 아파트, 주택 위주로 사서 활용할 수 있는 것만 취득하고, 그래도 꼭 투자해야 될 부동산이라면 누구나 탐을 낼 정도로 좋아야 메리트가 있으며, 나중에 매도가 쉽다. 매도가 안 되는 부동산은 짐 덩어리, 세금 덩어리며, 또한 원거리 부동산은 삼가는 게 좋다.)

④ 아는 지인 등과 동업 투자, 회사에 지분 참여 등 투자하면 평생 돈 못 받을 각오하고 투자해라. (자영업자나 중소기업체 등에 돈 건네주고 받았다는 사람 거의 본 적 없으며, 가져간 甲은 빌려준 乙이 한 푼이라도 나올 구멍이 있으면 최선을 다하는 척하다가 乙이 돈이 바닥나 버린 걸 알고 나면 등 돌릴 궁리가 시작된다.)

⑤ 소유하고 있는 부동산을 남에게 담보로 제공하면, 그 부동산은 공중분해 되고 만다.

⑥ 가까운 사람과 부동산거래, 금융거래, 건축도급거래, 상거래 등을 할 때에는 모르는 사람보다도 더 완벽한 서류 확인(변호사 대동) 후, 그 사람의 주변 사람들에게서 그 사람의 대인관계 등을 검증한 다음, 몇 번이고 더 심사숙고한 후에 결정해도 늦지 않다. (사기는 아는 사람에게 당하며, 모르는 사람에게는 쉽게 당하지 않는다.)

⑦ 당장 일확천금 얻을 것처럼 유행되고 있는 금융, 부동산, 기능성식품, 화장품, 의약품, 생활용품 등 다단계업체가 극성을 부리고 있는데, 떳떳하지 못한 회사는 상대방에게 떠넘기는 방식의 소비처를 확보하기 위하여 네트워크 다단계 같은 회사가 주변에 우후죽순처럼 생겨나며, 올바르지 못한 방법으로 탄생한 다단계회사는 비대해지고 돈을 벌지 모르나, 거기에 종사하든, 판매하든, 기여하던지

간에 다 피해자들뿐이다. 다단계는 종사자가 돈을 벌 수 없는 구조이며, 갈수록 쪽박이다, 결국에는 길거리로 내몰리는 투전판과 같다. 더구나 한 번 빠지면 손가락이 잘려 나가도 벗어나지 못하는 맹중독성이 있으니, 돈 잃고 주변 잃고 인생을 망치지 않으려면 처음부터 멀리하라. (주변에서 접근하면 인정사정 보지 말고 외면하라.)

⑧ 이 세상에 공짜는 없으며, 본인 자신이 노력해서 얻어지는 것 외에는 존재하지 않는다.

인격

인격은 그 사람의 됨됨이 자체요, 그릇이다

후덕한 자, 경박한 자, 옹졸한 자
사람의 됨됨이인, 그 사람의 그릇이다

인격은 한순간에 만들어지는 게 아니며
다듬어온 만큼, 겪어온 만큼, 성숙되어진 만큼
인격을 이루고 만들어가며 살아가는 것이다
평생을 다듬고 다듬어서 만들어가는 것이다

어느 한순간에 경박한 행동을 하게 되면
그 사람의 인격은 경박한 가치로 전락되어 버린다

온유한 품위를 지키는 자는 그만큼 잘 다듬어진
인격의 소유자로서, 자신을 낮추고 다듬은 만큼
후덕한 인품을 만들어가게 되는 것이다

인격은 사람의 그릇이요, 품격인 것이며
평생을 정성 들여 다듬어 인내하는 자는
후덕한 인품을 갖고 후덕한 삶을 살아가게 된다

사리사욕 사슬의 얽매임

진리는 마음으로 얻으려 할수록 거리가 멀어지며
마음을 버리고 몸으로 다가서야 사실에 접근된다

사리사욕을 버려야 얽매임에서 벗어날 수 있으며
공생의 뜻을 두어야 마음이 평화를 이르게 되며
그 원리를 알려고 하면 자연의 섭리에서 배우라
자연처럼 되는 자체는 거짓이 사라진 진리이다

종교는 영생을 구실 삼아 영혼을 갈취하고
병원은 치병을 구실 삼아 몸을 망가뜨리고
철학은 궤변을 구실 삼아 정신을 혼돈하며
인간은 탐욕을 구실 삼아 자연을 훼손한다

註)
백성을 위한 것이 진리이며
임금을 위한 것은 역리이다
상대를 배려하고 위하는 것이 진리이며
상대를 현혹하고 갈취하는 것은 역리다

고통은 기쁨의 씨앗

고통의 원인을 알면 두려움은 없어지며
고통이 생겨나도 걱정할 게 하나도 없다
모든 고통의 원인은 자신에게 있으며
고통을 없애는 것도 자신만이 가능하다

고통은 한 단계 진화를 위한 현상으로
그 순간을 극복하면 고통은 사라진다
고통은 성장을 얻기 위한 밑바탕이며
고통이 끝나고 나면 해결점이 생겨난다

고통을 느껴가며 살면 지혜로움이고
고통을 두려워하면 퇴보하는 삶이다
고통을 넘기고 나면 한 단계 성숙해지며
고통을 넘기고 나면 모든 게 편안해진다

힘을 빼고 살자

힘이 들어가면 힘들어지고
힘을 빼면 힘이 생긴다
힘이 들어가면 병이 생기고
힘을 빼면 병이 물러난다

힘이 들어가면 경직되고
힘을 빼면 유연해진다
힘이 들어가면 성나고
힘을 빼면 평온해진다

고정관념은 괴물이다

고정관념은 나를
한계에 갇히게 하는 괴물이다
고정관념은 나를
퇴보시키는 악마이다

고정관념을 벗으면
무한한 자연의 세계가
그대를 기다리고 있다

몸과 마음은
날마다 새로워
나날이 진화되어진다

사람의 그릇

작은 그릇에 많은 물을 담을 수가 없으나
큰 그릇에는 많은 물은 담아도 항상 여유롭다
무릇 사람에게도 그릇이 큰 사람이 있는가 하면
그릇이 작은 사람도 있다

그릇이 작은 사람은 주관이 약하고 변덕이 많으며
남과 비교 우월하다는 걸 은근히 드러내며 자랑한다
하찮은 일에도 공사(公私)가 불분명하고, 확대 해석하거나
명분보다는 감정 또는 사사로운 정에 휘둘려 주변이 시끄럽다
가볍게 속을 드러내 보이며 관용하기보다는 징계를 선택한다
자신의 과오도 남의 탓으로 돌리고 주변으로부터 외면받는다
겉으로는 강한 척하지만 속은 나약한 외강내약(外鋼內柔)형이다

그릇이 큰 사람은 벼슬이나 자리에 연연하지 않으며
공을 세웠어도 머물지 않으며 사심을 두지 않는다
항상 자신을 낮추고 말보다는 행동으로 솔선수범하며
자신의 안위보다는 남을 돕는 일을 도모하고 즐겨한다
아랫사람의 잘못은 책망하기보다는 용서로 감싸안는다
큰 사람의 속은 바다보다 깊고 헤아림은 하늘보다도 넓다
어떤 풍파에도 흔들리지 않은 외유내강(外柔內鋼)형이다

사람의 그릇은 수양과 배려, 봉사, 덕행으로

몸소 닦고 실천하기에 따라 크기가 변한다 ~자연인~

참 지혜

萬苦(만고)를 참고 이겨내어
忍苦(인고)의 세월을 거듭 겪고 나서야
어떠한 것도 참아낼 수 있는 인성을
몸에 각인하게 되는 것이다

마음이 엉켜있는 것
몸이 엉켜있는 것
어떠한 고통도 다 풀어낼 수 있는 품성을
몸에 각인하는 것이다

마음도 무수한 경지를 통해
무한의 고통을 이겨내고 나서야 소통이 원활해지며
몸도 무수한 경지를 통해
무한의 고통을 이겨내고 나서야 소통이 원활하게 된다

고통을 통해서 얻어지는 것만이
잘못되어진 자체를 몸으로 한올한올 풀어낸 것으로
참 지혜를 얻는 것이다

지혜의 삶

잘 되어졌다는 최고점을 찾아 행하는 것은
그 속에 잘못되어진 것을 모르게 되는지라
어느 순간에 이르면 무너져버리게 된다

아무리 잘 되어있는 것을 알아차리고 나서 행한다 할지라도
그 속에는 잘못됨이 있으며
그 순간에는 최고점에 이르렀을지라도
시간이 흐르면 문제점이 나타나게 된다
그냥 두게 되면 괴리현상에 의해 무너지게 되므로
매사 집중하여, 항상 알아차림의 자각증상을 통해서
잘못되어지는 원인을 인지하여 개선해주어야
무너지지 않게 된다

세상의 원리는 달도 차면 기울고, 해가 뜨면 지고
이루고 나면 물러나야 하는 것이다
쌓고 나면 허물어지는 것이며
이룸과 유지를 자연의 원리에 맞추면
괴리를 최대한 줄일 수가 있다

정신과 물질의 이룸과 잃음에서
잘못되어지는 원인을 찾아내어 실천하는 것이 지혜이다

잘못의 원인을 알아차리고

　　실천하는 것이 깨달음이다 ~자연인~

마음과 행동

마음을 가졌다고 하나
이뤄지는 것은 아무것도 없으며
행동이 따라주어야 형태를 이루게 된다

마음을 갖는다고 모양새가 갖춰지지 않으며
행동이 따라가 주어야 형태를 갖추게 된다
몸을 움직여야 모양새를 이루게 되며
그 모양새가 인격을 만들게 된다

생각은 실천하지 않으면 무용하고
행동으로 실천함으로써 이루게 된다
생각은 아무런 성과를 이루지 못하며
지나치면 자신을 망치는 괴물이다

자신을 평가하지 말라

자신을 평가하지 말라
세상에 맡겨라
후세에 맡겨라

註)
자신을 평가하는 것은
속단으로 잘못된 판단이다

자신을 평가하려면 입은 닫고,
눈과 귀로 듣고,
몸으로 알아차리고,
잘못되어진 게 있으면 행동으로 옮겨라

자신을 입으로 말하는 자체가
그릇된 방식의 계산법이다

남을 위하는 게 진리이다

자신을 위한 행위는
어떠한 구도를 만들려는 행위로
그 한계성에 부딪치게 된다
얻고자 함이 한계에 부딪쳐
그 범위를 넘어서질 못한다

남을 위한 행위는
어떠한 구도가 없기 때문에
결과가 무한대로 펼쳐지게 된다
의도가 없는 행위는 무한대로 연결되어
그 얻어짐이 순리이다

자신을 위한 것은 대세를 그르치는 행위로
얻어짐이 작으며
남을 위한 일은 대세를 따르는 일로
얻어짐이 창대하다

몸의 배움인 지혜

대부분의 사람들은 작심삼일이다.

담배 끊겠다, 이번 봄부터는 운동을 열심히 해야지 등 다짐을 하지만 며칠 지나고 나면 슬그머니 꼬리를 내려, 언제 그랬냐는 식으로 예전 습관으로 되돌아가 버린다.

담배 피우면 건강이 나빠지고, 운동을 안 하면 건강하지 못하고, 과식을 하면 몸에 이롭지 못하다는 것을 수백 번 귀 아프게 얘길 들어도, 강 건너 불 처다보듯 건성으로 듣다가, 건강이 나빠지고 병원 신세를 지고 나서, 그때 가서야 담배 끊고, 먹을 거 덜 먹고, 운동을 하게 되는 것은 몸이 망가지고 나서, 그 잘못되어짐을 알아차리고 나서야 지혜를 배우게 된다.

항상 공부해라, 운동해라, 부모 속 그만 태우라고 말하지만, 때가 이르러 본인 자신이 위기감을 느끼고 나서야 공부하게 되고, 운동을 하고, 결혼해서 애를 낳고 키워봐야 내 부모님도 이처럼 나를 낳아 키워주셨구나를 통감하게 된다. 사람은 몸으로 부딪쳐가며 몸소 겪고 나서야 자각증세로 알아차리게 되며, 잘못을 겪고 나서 그 잘잘못을 몸으로 익혀서 배우고 알아차리는 것, 즉 지혜는 자신이 잘못되어짐을 알아차릴 때 생기는 것이다.

그래서, 젊어서 여행도 많이 다녀보고, 봉사도 해보고, 실습도,

체험도 해보면서 자신의 능력인 지혜를 몸이 알아차리도록 체험과 경험을 통하여 익혀가면서, 삶의 현장을 통해서 사실적인 경험을 익혀가며, 실천하는 사람으로 성장해서 훗날 성공의 삶을 살아가는 발판을 만들어가게 된다. 지식은 머릿속에 얻은 검증이 안 되어진 것이고, 지혜는 몸으로 부딪쳐가면서 터득된 산 경험인 것이다.

지식이 많을수록 삶이 윤택하지 않으며, 지혜로워야 가난에서 벗어나 부자로 살 수도 있고, 또한 건강한 몸을 만들어 관리하면서 삶의 질을 향상시켜야 행복감을 더 충족시킬 수가 있다. 책과 문헌을 통하여 또는 선배, 선생님 등 주변의 얘기를 통하여 지식을 머리로는 알고 있다 해도, 실행을 하지 않으면 아무것도 이뤄진 게 없는 것이며, 지식을 통하여 머리로는 그럴 것 같아도 현장에서 부딪쳐보면 사실과 다르다는 것을 체험과 경험을 통하여 알아차리게 된다.

자주 실전적인 체험을 해보아야만 사실적인 감각이 몸에 배여 이것은 반드시 해야 되고, 저것은 해서는 안 된다는 사실을 몸으로 익혀가며 인생을 살아가게 된다. 실패를 해봐야 실패하지 않는 방법, 즉 성공하는 방법을 몸으로 배워서 익히게 되는 것이고, 성공은 실패란 체험을 통해서 이렇게 하면 실패하고, 저렇게 하면 무너지지 않고를 몸으로 알아차리고 더 이상 무너지지 않는 몸의 배움인 지혜를 얻게 되는 것이다.

"어릴 때 눈물 젖은 빵을 먹어보지 않는 자는 인생을 논할 자격이 없다"라고, 어린 나이에 고생하면서 배고픔을 견뎌 나가면서 눈물을 흘리면서 빵을 먹어봤기 때문에, 굶주림이 어떤 것이라는 것과 돈 없으면 인생이 비참해진다는 자각증세가 몸에 배여, 자신도 모르는 사이에 몸에서는 감각적으로 돈을 비축해두려는 쪽으로 알아차리면서 성장하여, 훗날 넉넉한 부자로 살아가게 되는 감각을 터득하게 되는 것이다.

열심히 일하고, 운동을 하고, 수련을 하고, 도를 닦고, 땀 흘려가면서 뭐든지 몸으로 부딪쳐가면서 실천을 해야 목적 달성이란 문턱으로 올라설 수 있으며, 성공이란 물건을 손아귀에 거머쥐게 되는 것이다. 또한 성공조건은 실천이 요건이며, 끊임없이 반복적인 실천, 잘못되어짐을 알아차려, 그 잘못되어짐을 개선하며, 인내하고 실천하고를 반복해야 실패를 두려워하지 않는 성공의 단계로 접어들게 된다. 어쩌면 성공의 요건은 첫째도 인내요, 둘째도 인내요, 셋째도 인내인 것이며, 인내보다 더한 능력은 이 세상에 없다 하겠다.

우리 몸의 건강도 많은 전문가의 지식이 건강을 만들어주는 게 아니다. 내 몸이 한발 한발 땅을 딛고 밟아가는 사실적 체험을 통하여 몸 만들기를 하여야 건강한 신체를 유지하게 되는 것이며, 실천이 바로 건강의 비결이다. 자신이 하루도 빠짐없이 건강관리를 하여야만, 운명의 순간까지 건강을 자신하고 살게 된다. 건강은 어느 봄날 갑자기 운동 몇 번 했다고, 건강식품, 보양식품 먹고 건강이 지켜지는 게 아니며, 건강할 때 병에 무너지지 않는 체질을 만들어놔야 건강을 유지하며, 웬만해서는 병원 신세를 덜 지고 살게 되는 것이다.

건강의 조건이란?

생각은 단순하게 줄이고 하루도 빠짐없이 인내하며 행동하기를 반복적으로 실천하는 것만이 건강을 유지하는 방법인 것이다. 하루 건너 운동하는 것이나, 일주일에 2~3일 운동하는 것은 신체 리듬상 한 번씩 건너뛰려는 습성이 발동하게 되어, 얼마 못 가서 무너지기 쉬운 운동법이며, 아무런 생각 없이 하루도 빠지지 않고 습관적인 운동만이 진정한 건강의 비법이다. 사람은 하루 건너뛰면, 그 다음 날도 또 건너뛰려는 습성인 게으름이 작동되어 얼마 못 가서 쉽게 무너지고 만다.

성공의 조건이란?

끊임없이 도전하고 실천하는 사람들은 일을 낙으로 삼기 때문에 매사 긍정적으로 펼쳐 나가게 된다. 일구는 과정에 시련이 있을 수 있으나, 그 시련을 성공하기 위한 발판으로 알고, 더더욱 열심으로 땀 흘리다 보면 하나둘씩 성과를 이루게 된다. 끊임없이 반복적으로 도전하게 되면 일은 잘 되어지는 방향으로 흐름을 타게 되며, 다가서는 햇살처럼 찾아오는 기회를, 그때마다 있는 그대로 맞이하면 그게 성공이다. 기회를 얻기 위하여 찾아가는 자에게는 기회가 왔을 때, 기회를 맞을 준비를 하다 보면 햇살과도 같은 기회는 저만치 가버리고 만다. 성공은 끊임없이 준비하고 노력하는 자에게만 찾아오는 인내의 보답인 것이다.

건강과 성공의 조건

언제나 실천(항심)

끝까지 최선(인내)

명확한 판단(집중)

지혜는 잘못되어짐을

　　　알아차릴 때 생기는 것이다   ~자연인~

의도는 욕심이다

의도는 욕심이다
의도는 목적한 바를 얻으려 하는 마음의 발상이다
그럼으로써 의도되어진 만큼
상대방이 그만큼 손실을 입을 수 있기 때문에
의도되어진 만큼의 결과를 얻지 못하게 된다

노력하여 주어진 만큼 이뤄진 상황과 변화에 따라 만족하고 살면
의도를 갖지 않았기 때문에 결과에 대하여 불만족이 없게 된다
의도를 하지 않는 것은 삶에 최선을 다하여 얻는 것이라
만족하고 기쁨을 갖고 생활할 수가 있다

의도를 갖지 않는 것은 이루지 못할 욕구를
처음부터 갖지 않는 것이므로
이뤄지는 만큼 만족스런 결과를 얻게 됨으로써
추진력이 가속을 받게 된다
성과는 의도하지 않았기 때문에 만족도는 배가 될 수가 있다

욕심은 마음의 밑그림을 그리는 행위로 행위를 마쳤을 때
이루지 못한 부분에 대한 자멸감으로
마음에 채워지지 못한 상실감이 존재하며
허상을 그린 만큼 공허감을 느끼게 되며

자신감을 떨어뜨리는 행위가 된다

바라보이는 대로 살고 되어지는 대로를 관조하고 살게 되면
삶이 만족감을 지속시켜 주어, 삶의 질을 높일 수가 있게 된다

현인와 우인

현인(賢人)은 수양으로 알아차리고
범인(凡人)은 겪음으로 알아차리며
우인(愚人)은 겪고 나서 반복 겪는다

註)
현명한 사람은 수양으로 알아차리고
평범한 사람은 겪음으로 알아차리고
우매한 사람은 겪고 나서 반복 겪는다

인간과 자연

강력함을 얻고자 하는
인간의 에너지는
욕구로 인해
그 한계를 벗어나지 못한다

극대치를 얻고자 하는
한계성으로
인간의 에너지는
쉽게 고갈되고 만다

비움에서 펼쳐지는
부드러움은 자연에너지로
바닥이 드러나지 않으며
어떤 경우에도 추락하지 않고
언제나 정연하고 무한한
자연 그대로이다

그냥 즐겨라

술 마시고 취하되 빠지지 말고
아낌없이 사랑하되 빠지지 말라

돈을 벌고 유용하되 빠지지 말고
명상을 즐기되 생각에 빠지지 말라

자연을 즐겨라
음식을 즐겨라
세상에 빠지지 말고 그냥 즐겨라

실행하지 않은 것은 헛꿈에 불과하다

생각하는 것
꿈을 꾸는 것
머릿속에서 수많은 구상을 하는 것
생겼다가 사라지기를 반복하게 되는 것
생각하고 실행하지 않는 것은 헛꿈에 불과하며
생각은 별다름이 없는 것이다

실행을 하지 않으면서 생각만 하게 되면
공상가, 이상주의자, 비현실주의자로
평생 생각으로 헛꿈만 커다가 인생은 저물고 만다
생각만 하고 실천하지 않으면 아무것도 이뤄지지 않는다

성공은 실천을 하여야만 이뤄지는 것으로
끊임없이 부딪쳐가면서 실천을 하게 되면
우리 몸은 반사적인 자각증세가 더욱 발달되어
능력이 더 향상되어지는 좋은 쪽으로 성장하게 되며
생리적인 리듬은 더 선량한 방향으로 진화되어져 간다

책만 보아서는 용기를 갖지 못하는 공상가가 되기 쉬우며
움직임을 통하여 실천해야 결실을 얻게 된다
성공에서 지식은 어느 한 부분에 해당하며

지식을 바탕으로 체험을 통한다면
더 큰 재목으로 성장은 할 수 있으나

성공의 요건은 실력보다는 경험을 통한 꾸준한 밑바탕이 깔린,
즉 실패를 두려워하지 않는 체험을 통한
몸의 자각증상의 발현인 것이다

휘둘림

언변은 귀를 휘어 감고
서적은 마음을 휘어 감고

철학은 사상을 휘어 감고
종교는 영혼을 휘어 감고
질병은 몸을 휘어 감으니

휘둘림을 물리치려면 자연에 이르라
자연은 언제나 질서정연하다

망가짐과 회복되어짐

힘 자랑하는 것은 한때의 위용에 불과하다
강인한 체력은 선망의 대상이 될 수 있으나
어느 순간에 무너지고 마는 허세에 불과하다

넘치는 것은 항상 문제의 소지가 있으며
적당한 유지는 최선이나 노력이 필수이다
부족한 것은 아쉬움은 있으나 탈나지 않는다

잘못되어진 것을 회복시키려 하면
반드시 부드러워져야 풀려서 원상태로 되돌려진다
그러나 강하게 만들면 또다시 망가지고 만다

망치는 것은 어느 한순간에 이루어지나
회복은 느리고 더디게 서서히 이뤄진다
급하게 회복시키려 하면 통하지 않으며
서둘러 회복하는 데는 반드시 함정이 있다

진정한 승자

자신을 위하는 마음이 있어야
자신을 이겨낼 수 있고

자신을 이겨내야만
비로소 자기를 완성할 수 있다

자신과의 싸움에서 이겨야
진정한 승자인 것이다

중용(中庸)

치우침이 없이 생각하여 행하는 것을 말하며
중심을 잘 유지하여
어느 한쪽으로 기울지 않는 행위를 하는 것으로,
늘 생각에 따라 행해야 하기 때문에 상황에 따라,
사람에 따라 생각이 바뀌거나 변할 수가 있으나
치우침 없이 행동하는 것을 항상 자각하여 행해야 한다
성인군자의 행동거지가 여기에 준한다

중도(中道)

몸이 경지에 이름으로써 어느 한쪽으로 치우침이 아니라
자신의 존재를 두지 않고, 자신을 위한 행위를 하지 않는 것이다
상대편만을 위해서 행하기 때문에 상대에게 이득을 만들어준다
상대가 이득이 생기게 되면
그 이득은 자연히 내 편에도 생기게 되는 게 순리이다
자신은 취하려는 욕심 자체가 없기 때문에 이미 얻은 것이고
상대방이 취하였으므로 자신은 이미 만족을 얻게 되는 것이다
물질이란 취득하여도 만족하지만
취득하지 않아도 만족할 수가 있다
자신이 필요치 않는 것은 취하지 않으면 이미 취득한 것과 같다

취하지 않아도 부족함이 없고 취득하지 않아도
생활에 불편함이 없으면
그 생활은 더 여유로움을 더 얻게 되는 것이며
가진 것보다 더한 만족함과 여유로움이 생겨나는 게 순리다
얻지 않으므로 생활의 불편함이 사라지게 되고
그리하면 하늘의 양식인 정신적, 육체적 여유로움과
건강함을 취하여 모든 게 여유로움이 한량하기 그지없다

세상 사람들이 웃는다

정답을 얻으려 하지 말라
정답을 만들려 하면 그 자체가
이기적인 발상으로 모순이다
그냥 놔두는 게 진리이며
되어져 가는 자체가 정답이다

그러므로 이것이 정답이고
이것이 진리요 하는 순간에
그것은 엉터리가 되어버린다

내 종교가 진리요, 네 종교가 가짜라는 것은
순수하지 못하기 때문이며
그저 하나의 종교일 뿐이다
내 종교가 옳다 하면 세상 사람들이 웃는다

천당이 있고 지옥이 있다는 건
가보지도 않으면서 들었단 말만 하고
갔다 온 사람에게 들어서 알았다면
그 말을 한 사람은 거짓말했을 것이고
그 거짓을 사실로 전해 들었을 뿐이다
세상 사람들이 웃는다

청량한 오월

청량한 오월
푸른 동산에 올라
팔베개 베고
바위에 드러눕네

흰 구름 따라서
하늘을 유희하니
마음은 흘러가고
세월도 흘러간다

솔바람 간지럼에
몸뚱이는 솜털마냥
훨훨 날아오르네
오! 내 세상이로다

제3장
수행편

아주 내려놓아라

내려놓아라
그것도 아주
땅바닥 밑으로
내려놓아라

그리고 나서야
내 잘못을 알고
네 옳음을 알고
편협함을 벗어내지

그리고 나서야
내 건강을 잡고
네 건강을 잡고
속박에서 벗어나지

아픈 만큼 성숙해진다

진리는 저절로 다가오는 것이 아닌
자신의 수양으로만 얻어지는 것이다

수양이란 머리로 얻어지는 지식이 아니라
몸으로 부딪쳐서 옳고 그름이 판별되어지고 나서
얻어지는 사실적인 행위로서, 옳고 그릇됨을 알아차리고
그 잘못의 원인과 결과를 정확히 꿰뚫고 알아차리는 것이다

비 온 다음 땅이 굳어지고
아픈 다음 더욱 성숙해지니
이것이 진리이다 할지라도
몸으로 느끼지 못하면 알아차리지 못한다

고통은 선량하다

고통이란 생명체의 변화가 생겨나서
자연의 움직임인 기(氣)가 통과할 때 나타난다

고통은 氣의 움직임에 의해 나타나는 순간의 현상으로
두려워할 필요가 전혀 없는
선량한 자연에너지가 통과할 때 나타나는 증상이다

고통을 넘기고 나서야 문제점이 해결되어 고통이 사라지며
고통을 기피하면 문제점이 남아있어
점점 괴리현상을 만들어내어 문제점을 증폭시키게 된다

고통을 이겨내고 나면 문제가 해결되어 기쁨이 생기며
고행은 고통의 끝을 찾아 없애는 고도의 훈련이며
몸으로 부딪쳐가며 막힌 곳을 뚫어야 해결된다

아침에 고행하면 하루가 편안하고
평생을 고행하면 평생이 편안하다
고행이란 고통을 즐기는 것이다

명상과 수련

명상은 마음을 낮추어 다스림하여
경계를 없애는 것이고

수련은 마음의 경계를 벗고 나서
몸의 경계에 이르고 나서
몸을 낮추어 다스리는 것이다

註)
마음의 경계는 이루지 않아도 낮을 수 있으나
몸의 경계는 몸이 경지에 이루어져야 진입하게 된다

참 수련

마음을 닦고자 수련하는 것은
생각은 하되 행위가 이뤄지지 않는
가상수련으로 얻음이 미약하거나
진실된 수련이 아니다

몸을 닦고 수련하면
생각하는 자체가 의미가 없음을
확연히 알아차리게 된다
생각 자체가 사실이 아닌 가상인 것이라
자신하고 상관없는 생각은 일어나지 않는다

즉 사실적인 삶을 살아가며
불필요한 생각 자체가 없는
실질적인 일상을 열어가게 된다

수련하면 웃는다

수련은 자신을 낮추기 위해
몸과 마음을 가다듬는 것이다

마음은 비우고 내려놓을수록
수월하고 좋으며
몸은 바르고 곧게 다듬을수록
편하고 건강해진다
많이 내려놓을수록 몸은 활짝 웃는다

수련방법이 바르지 못하거나
그릇된 수련을 하면
마음은 찡그려지고
몸은 병이 생긴다

수련은 잠자는 자신을 깨우는 것이다

정신의 세계는 억만 겹 같으나
수련에 의해서 백지장이 되고

육체의 깊이는 태산과 같으나
수련에 의해서 한올한올 벗는다

환골의 움직임은 우주와 같으나
수련에 의해서 자연과 하나가 된다

마음과 몸

마음의 가변성
마음은 그 형체가 없으니 완성도의 성립이 안 된다
마음이란 사실적인 자체가 없는 의도적인 행위가 되므로
그 자체가 꾸밈으로써 행위하고는 일치하지 않는다
또한 형체가 없고 입증방법도 없는 사실과는 거리감이 있다
설령, 사실로 접목하는 과정에는 많은 왜곡으로 생기게 되며
이뤄짐도 형편 없이 미약하다

몸의 완성
몸은 형체가 있어 행위 자체가 사실적으로 이뤄진다
몸 움직임인 자연의 움직임을 알려면
자신의 육체를 통해서 볼 수가 있으며
자신의 내공력으로 내면을 들여다볼 수 있어야
생명을 바라볼 수 있고, 또한 생명을 다스림하게 된다
몸에서 바라보는 마음은 하잘 것 없으며, 쓸모가 작다

참 수행

참 수행은 늘 몸과 대화를 하는 것이다
몸과의 대화란 몸이 바라는 대로 몸 흐름대로 행(行)하는 것이다
몸과 대화하면서 일상을 열게 되면 마음씀 자체가 필요 없게 된다

마음과 대화하는 것은 갈등과 갈등의 연속으로 이뤄짐이 없으며
마음과 몸과의 괴리에서 현상으로
몸이 시달림받아 병을 얻기 쉽다

마음을 내려놓는다는 것은
아무것도 행(行)함이 없는 착시현상으로
마음을 다스린다는 것은 기 상승(上氣)에 따라 몸의 병을 얻기 쉽다
몸을 내려놓고 행하면 마음은 발붙일 데가 없어 사라져버리고
몸 안으로는 기쁨이 각인되어 지복감을 누리게 된다

고행을 하면 행복하다

고행을 통하여
한계 상황을 넘어서고 나서야
몸의 자각을 통하여, 순리의 방법에 따른
삶의 잘못되어진 것을 스스로 알아차리고
바로 잡아가게 된다

매순간마다 걷어내고
또 걷어내는 것이며
걷어낼 때는 고통과 괴로움이 따르지만
걷어내고 나면 기쁨으로 충만하다

고행보다 혹독한 게
이 세상에 없으므로
세상 사는 게 모두 쉬워지고
웃을 일밖에 없다
괴로울 일이 모두 사라진다

註)
고행을 마치고 나면 몸이 웃는다
몸이 경지를 이루면 웃는 몸이 된다

몸은 주인이고 마음은 객이다

몸은 본연으로
자신을 지탱하는 본체이다
몸은 마음을 제어하기도 하고
흔들리는 마음에서 지탱하여 준다

마음은 본체가 없으며
수시로 객이 되어 떠다니고 싶어 한다
마음은 혼자 있으면 혼돈이 오게 되나
몸을 통하여 본연을 확인하게 되며
방황과 본연을 교차한다

마음은 형체가 없기 때문에 수시로 변형이 된다
마음은 팽개쳐 놓으면, 돌아다니다가 지쳐서 주저앉아 버린다
마음을 수련하면 행동하고 연결되어지지 않는 가상수련으로
언행일치가 되기 쉽지 않다
변덕 부리는 마음 따라서, 몸이 따라가지 않으므로
마음수련은 어불성설이다

몸을 수련하면
몸을 따라 순연하는 마음을 바라볼 수 있으며
불필요한 마음은 일어나지 않게 되어 마음을 제어할 수가 있다

즉 언행일치가 된다

마음을 일으키지 않으면서 행동을 이뤄간다

마음을 다스리는 것은

몸의 고뇌를 감내할 수가 없으므로 병을 제어할 수가 없다

몸을 수련하게 되면 몸의 이상 유무가 감지되어

병을 제어할 수가 있다

몸을 다스리면 마음은 몸을 떠나서는

어쩌지 못하게 되어 수용하게 된다

몸을 붙잡고 있으면 마음은 구만리 갔어도

몸으로 되돌아올 수밖에 없다

마음을 다스리는 것은 자신이 아닌 객을 상대하는 것이라

찻잔 속에 흔들리는 물을 바라보는 것같이 불안하기 짝이 없으며

마음을 다스려봐야 어느 순간에 무너지고 마는 헛수고인 것이다

몸소 겪은 만큼

부(富)와 명예는
바란다고 이뤄지지 않으며
최선을 다한 만큼
필연으로 다가온다

수(壽)와 건강은
바란다고 이뤄지지 않는다
다듬은 만큼
결과치를 만들고 산다

인생은
몸소 겪은 만큼
살다 가는 것이며
겪지 않으면 이룬 게 없다

기운(氣運)

숨 쉬고
생각하고 말하고
서서 걸어 다니는 것

생명체가
살아 움직이는 자체가
氣의 움직임에 의해 이뤄진다

생명이 탄생, 성장하고
병이 생기고, 회복하는 것
氣의 움직임에 의해 작동된다

기력이 떨어지면 쇠(衰)하고
기력이 좋아지면 성(盛)하다
기력을 높이는 것은 부드러움이다

기운을 얻는 것

부드러운 것은
기운을 북돋워
힘이 향상되어 유지되나

강력한 것은
기운을 뺏겨
힘들고 지치게 한다

극함이 지나치면
이내 쇠하게 되니
부족한 듯 유지해야
항시 활력이 생긴다

생명에너지

우리 몸의 생명에너지는
환골에서 나온다
그 움직임은 우주와 같다

그 에너지는
끝도 바닥도 없으며
그 움직임은
시작도 끝남도 없는
우주의 움직임과 같다

근본에 이르면 왕성하나
억지나 강함에는 쇠약하다

환골은 생명체의 탄생, 소멸의 근원이며
환골에너지의 활성에 의해
생명체의 성장, 회복, 진화가 이뤄진다

환골에너지의 쇠약에 따라
질병이 생겨나고 노화가 진행된다
멎음에 따라 생명이 멎는다

註)
환골은 필자가 명명(命名)하였으며,
우리 몸의 소우주이자 생명력의 근원지이다

건강하면 천하 부러울 게 없다

높은 지위나 벼슬이라도
건강만큼 중요하지가 않으며
아무리 돈이 많아도 건강한 사람보다 못하다

건강하면 모든 일 다 이룰 수가 있으며
또한 많은 걸 가진 사람보다도 행복하다
천하에 건강보다 더 좋은 것은 없다

건강은 심신이 말끔 단정하고
육체적으로나 정신적으로나
구차함 없이 살아가는 것을 말한다
건강하면 천하에 부러울 게 없다

내공력을 길러라

내공이라면 중국 무협지에서 볼 듯한 장풍을 연상하듯
멀리 떨어져 있는 대상물에다 파워를 보내는 능력으로
소설 속의 얘기로 들릴지 모르나, 사실을 알고 보면 당사자
본인이 구사할 수 있는 에너지인 것이다

다만 내공력의 역량에 따라 좀 다를 뿐으로
내공력이란 무의식에서
최대 에너지를 구가할 수 있는 힘을 말한다
체력에서 구가할 수 있는 힘인 외공력을 지우고
몸과 마음을 내려놓고 나면 그 사람 자체에서의 지닌
몸속 에너지인 초자연적인 에너지가 있다

가령, 어린 자녀가 트랙터 밑에 깔려 위험한 상황에 놓여있을 경우
어머니는 아이를 살려야 한다는 일념에서
트랙터를 들어 올렸을 때
육중한 트랙터는 연약한 여인의 힘만으로도 들어 올리게 되고
그 밑에 깔려있는 어린애를 구출할 수도 있다
(미국에서의 실화임)

무의식 상태에서 일어난 행위,
의도가 없는 몸속의 자연적인 힘은 무한대에너지이며

그러한 자연인 상태에서 생겨나오는 에너지는
의식 상태에서의 에너지인 외공력에 의한 에너지보다 상상 이상의
엄청난 초자연적인 에너지를 구사하게 된다

무의식 상태, 즉 초자연에서는 절대이완이 이뤄진 상태이라
무한대의 초자연적 에너지를 구가할 수 있게 된다
무에서 유가 창조되는 자연의 속성이기도 하고
그 자체가 인간 본연의 생명에너지인 것이다

누구든 몸을 연마하게 되면 속근육이 단련되어
몸속에서부터 나오는 생체의 본연 에너지를 구가할 수가 있다
속근육이란 뼛속의 근육과 각종 장기에 형성되어져 있는
근육을 말하며, 생체에너지 근원과 연결되어 있으며
인체의 건강을 지켜주는 바탕이기도 하다
그 에너지의 출발점은 생체의 근원인 골반 속에서 생겨나오며
인체의 지구력, 인내력을 구가하는 생명력으로 수명과 연결된다

반대로 외공력이라 함은 몸의 바깥 근육을 말하며
운동 등으로 만들어진 겉근육은 순발력, 파워력을 나타내며
강력한 에너지를 구가하는 만큼 겉근육은 한계성에 의한
에너지의 손실을 가져다주며, 에너지 축적이 제한되어지는 관계로
쉽게 고갈되며, 기력 손실의 원인이기도 하다
외공력은 한계성에너지로 지나치면 몸이 지치고 힘들어지며
질병의 원인 또는 수명의 단축으로 연결된다

내공력이 좋은 사람과 마주하게 되면
좋은 기감이 내면으로 전해지게 되어
몸이 편안하게 피로감이 해소되어짐은 물론,
좋은 에너지가 전달이 되어져
기가 충전되어 기분이 상승되면서 상쾌하게 된다

그렇지만 기력이 약한 사람이 외공력이 강한 사람과 마주하면
쉬 피로감 등으로 지치게 되며
소위 기 빼앗기는 현상이 생겨나게 되며
기가 약한 사람은 기가 말려들어 가서 기진맥진하게 된다

외공력이 강하거나, 사기(邪氣)가 많은 사람, 거친 사람,
이기심이 많은 사람, 경직된 노인, 병이 깊은 사람,
근육질의 사람 등과 마주하게 되면
기가 소진되어 몸이 지치고 피로감을 느끼게 된다

일상에서 내공에 도움이 되는 행위
하체 위주의 힘을 빼고 나서 부드러운 동작의 운동,
골반이완 운동, 부드럽게 천천히 걷기, 부드러운 스트레칭,
복식호흡, 순수명상, 적당한 섭생, 적당한 운동, 취미생활,
음악 즐기기, 부드러운 미소, 배려하는 자세, 전원생활 등이나
어느 정도 내공력을 키우려고 하면 체계적으로 수련해야 한다

부드러운 자연에너지

부드러움은 멈출 줄 모르는 에너지이다
생성, 회복, 진화의 원동력이며
그 역량은 끝없는 우주와 같다

부드러움은 끝없는 자연세계로 연결되어
최대 에너지가 무한대로 축적되어진다
부드러움의 극치에서 끝없이 진화가 된다

부드러움에서는 최대 에너지가 구가되어
굳었던 마음이 풀리어 편안을 얻으며
경직 등 아팠던 몸이 회복이 되어진다

부드러움은 끝없는 정진으로 이어지나
강력함을 얻으려 하면 순간에 멈추어버린다

강력한 힘은 인위적인 인간의 에너지로
그 힘은 한계성에너지로 크기가 미약하며
그 힘은 최대치도 인간의 한계에 머무른다
인위적인 에너지는 한계에 이르면 고갈된다

에너지의 비교

속근육에너지는 몸속의 근력에서 나오고
부드러움, 비움, 내공력에서 충천이 된다

겉근육에너지는 몸 밖의 근력에서 나오고
강직한 채움에서 형성되나
크기가 한계성이 있어 미약하고 쉽게 소멸된다

겉근육이 성할수록 속근육은 미약하고
속근육은 내공력을 수반하는 생명력이다

부드러움의 경지

부드러움이 근본이다
부드러움에서 생명이 탄생, 성장하며
부드러워져야만 병에서 회복되며
부드러워지면 어떤 병도 걸리지 않는다
부드러움이 젊음이며
부드러움을 유지하면 노화가 더디다
부드러워지면 편안하고 만사 형통하다
부드러워지면 행복하다
부드러우면 에너지가 고갈되지 않고
부드러우면 적이 없다

부드러워지려면 어떻게 해야 하나?
사랑하면 부드러워진다
마음 비우면 부드러워진다
건강하면 부드러워진다
긍정적이면 부드러워진다
용서하고 배려하면 부드러워진다
봉사하고 베풀면 부드러워진다
부모님을 공경하면 부드러워진다
자녀를 잘 키우면 부드러워진다
열심으로 살면 부드러워진다

취미생활을 하면 부드러워진다
덕행을 하면 부드러워진다
몸을 따뜻하게 하면 부드러워진다
즐겁게 노래 부르면 부드러워진다
가볍게 스트레칭을 하면 부드러워진다
천천히 산책하면 부드러워진다
적당히 휴식하면 부드러워진다
숙면하면 부드러워진다
소박하면 부드러워진다
부족한 듯이 섭생하면 부드러워진다

부드러움의 경지

강하게 하는 것은 욕심이며 허구이다
부드러움을 얻지 못하는 행위는 정도가 아니며
한계성으로 인해 어느 순간에 괴멸되고 마는
인간의 욕구일 뿐이다
부드럽게 하는 것은 자연의 순리이며
언제나 공존하는 배려의 법칙이다
부드럽게 하는 것은 강함을 넘어선 경계의 끝이 없으며
그 에너지는 고갈되지 않는 무한대이다
자연의 탄생, 성장, 재생 또는 자연 치유의 근본원칙이다
부드러움에는 무한에너지가 담겨있다
부드러움을 넘어서는 경지는 존재하지 않는다

무소유

다 내려놓아라
티끌만 한 마음도 일으키지 말라

소유하되 스스로 이뤄지고
소유하되 쓰임은 이로워야 하고

열심히 일하되 얻어진 결실은
어려운 이웃에게 먼저 나눔하고
어떠한 대가성도 생겨나선 안 되며

흘러가는 한 점의 구름같이
하늘의 구름을 웅켜쥘 수 없듯
무소유는 잡히는 물건이 아니다

흘러가는 시냇물처럼

순리대로 사는 게 무소유다 ~자연인~

잘 나갈 때 조심하라

잘 나갈 때 조심하라는 옛말이 있듯이
대다수의 사람들은 잘 나갈 때 자신의 인생에 이룰 만큼
이루었다는 만족감을 드러내며 자만심을 갖는 등 방심하게 된다
그래서 성공한 자들은 성공에 도취되어 자만심을 갖게 되지만
머잖아 패망의 자리에 있는 자신을 발견하게 된다

성공뿐만 아니라 우리 인생 삶의 구조가 달도 차면 기울 듯
세월이 흘러가면서 예상치 못한 굴곡 많은 삶을 살아가게 된다
건강하고 컨디션 좋을 때 자신의 몸과 주변을 잘 살펴가면서
조심히 사용하여야 뒷탈이 없다

사업이 잘 되어서 앞으로 뭐든지 잘 되어질 것 같고
이보다 더함이 없다고 느껴질 때 조심해야 하고
애쓴 끝에 윗자리에 올라서 잘 나갈 때 주변을 돌아보고
자신을 경계하여 공과 사를 철저히 가려 지켜야 뒷탈이 없다

성현들은 공직에 오르는 날부터 그 자리를 내려놓은 사람처럼
마음을 비우라고 했을까?
잘 나간다는 것은 반드시 내려와야 하기 때문일 것이며
이 세상 이치가 매사 조신하지 않으면
망가지게 되어있기 때문이다

어렵고 힘들 때 위기를 잘 극복해야만 목적한 바를 얻게 되고
자만하지 말고 매사 신중하고 조심해야만
유지할 수가 있기 때문이다
잘 나갈 때 대부분의 사람들은
자만심을 갖게 되는 게 소인들의 길이기도 하다
자만심은 모든 것을 망가뜨리는 씨앗인 것이다

위기가 기회인 것은
힘든 일을 당하였을 때 온 정신을 집중하여 어려움을 극복하여
금자탑을 쌓을 때 성공하는 것이며, 어려운 과정을 넘기지 않고
금자탑을 쌓는 경우란 존재하지 않는다
만약 어려움 없이 이룬 성과는
허구로 멀지 않아 무너지고 마는 것으로
공들이지 않고 얻는 것은 쉽게 허물어지는 게 세상 이치인 것이다

또한 어렵게 금자탑을 쌓았으나 자만하거나 방심하는 순간에
무너지고 마는 것으로
성공과 실패는 손바닥 뒤집기하고 별다름이 없다
성공, 건강, 덕망을 유지하려면 꾸준하게 집중하고
소박한 마음가짐만이 이를 지켜나갈 수가 있는 것이다

성공의 순간부터 패망의 싹이 자라는 것으로

실패하지 않는 학습이 성공을 유지하게 된다 ~자연인~

부족한 것이 더 위대하다

과하면 병이 생기고 부족하면 치유된다
우리 몸은 자연의 구조로서 부족한 것에 잘 적응한다
우리 몸은 부족한 것에서 더 이상 부족한 것이 없는 것에
대비하여 적응하며 진화되는 구조로
이러한 원리로 형성된 몸은 부족한 것에 익숙하고
부족한 것에는 몸이 잘 적응할 뿐만 아니라
부족한 것에서는 에너지가 더 활성되어진다

부족함에서 진화가 더 많이 진행되고, 더욱 생성되어지는 구조로
부족함에서 성장과 질병이 자연 치유되는 등
우리 몸 자체가 부족한 걸 원하는 구조로 되어있다
과하면 기가 막혀 에너지가 부족하게 발생되어
무기력하고 병을 유발하게 되어있다
모든 병은 과한 데서 생기며 부족한 데서 치유가 되곤 한다

또한 부족한 데서 진화가 왕성해지며
배고파야 생성이 활발하고, 배부르면 퇴보하고,
날씨가 추워지면 적응도를 높이려
생성과 진화가 더 많이 이뤄지며
더워지면 나태해지면서 생성과 진화가 더디게 진행된다
배고픔에서 자각되어져 몸이 더욱 반사적인 반응을 하게 된다

배부르면 나태하고, 몸은 퇴보하고
배고프면 부지런하니, 몸은 더욱 생성하고
우리 몸은 부족한 데 적응하기 위해
생체리듬이 더 활성화가 되어지며
존재하기 위해 적응력이 향상되어지는 단계,
즉 진화가 더욱 활성된다
우리 몸은 존재함으로써 생성되고
또한 진일보 진화되어지는 과정이 거듭되는 자연의 원리,
즉 생성의 원리이다
자연은 이룸으로써 존재하는 4차원적 이상의 구조이기 때문이며
3차원적 사고방식의 두뇌의 계산법으로는 진입이 차단된다

부족한 우리 몸의 구조
음식을 골고루 먹는 것보다는
본인이 땡기는 것부터 적당히 먹어두는 게 좋은 것이지
골고루 먹는 자체가 꼭 몸에 도움되고 이득되는 것이 아니다
골고루 많이 먹는 게 좋은 것도 아니고
부족하니 단순하게 먹는 게 몸에서 바라는 바이며
단순하게 섭취하면 단순한 몸이 바라는 대로
지속력을 높이게 된다
단순 부족한 섭취는 웬만해서는 탈나지도 않고
부족한 것에 익숙한 생체는 생명력도 길게 이어가게 된다

자연인은 평소 반찬 한 가지 이상 먹질 않아도
힘이 부족해서 일상생활에서 버벅거리는 것도 아니다
오히려 덜 먹고 덜 섭취하면 몸이 더 가볍고
머리는 더 맑아지고 힘은 더 생긴다
골고루 많이 먹으니 더부룩하고
많이 먹으면 병도 더 많이 걸리고, 오히려 단명하는데도
얄팍한 식견을 가진 자는 골고루 많이 먹길 바라니
단지 식자(識子)라 내세우며, 주변을 살펴보지 못하고
자신의 주장만 하는 것은 우물 안 개구리격이다
식자는 몸이 바라는 것보다 배워 들은 것만 주장하는 자를 말한다

자연은 부족하기 때문에 존재한다
공간이 비어있으니 태양과 지구가 존재하고
산이 있으면 비어있는 계곡이 있어 아름다운 것이고
육지가 있으면 바다가 있어 조화를 이루면서 존재하는 것이고
산이 채워져 있으니 비어있는 계곡이 공존해야 자연을 이루듯
우리 몸은 채워주는 것보다 비워줄수록 건강하고,
힘 있고, 생성하고, 오랫동안 존재(長壽)가 되어지게 된다
장수는 채워서 유지하는 것이 아니라
비워서 지속되어지는 자연의 원리다
채워가면서 오랫동안 유지하는 법이란 자연에서 존재하지 않는다

자연은 부족함으로써 채워져 있고, 유지되고,
치유되고, 생성되어지며 존재하는 자체이다

자연은 비워져 있으므로써 존재한다 ~자연인~

성공과 실패 그리고 수성(守成)

성공하려면
먼저 목적한 바를 명확히 세우고
집중과 노력을 통하여 목적한 바를 성취하는 것인데
그 관문에는 반드시 장벽이 따르며
그 장벽 통과는 자신과의 싸움이다

자신과의 싸움이란
이 세상에 공짜로 얻어지는 법은 존재하지 않는다는
몸의 체험을 통하여 지혜를 얻는 것이다
목적물은 재물, 학문, 재능, 건강, 신뢰 등이며
성공하여 목적한 바를 이뤘다고 하나
자만심이나 방심이 찾아드는 순간에
괴리가 생겨나기 시작하며,
그 진의를 명확히 알아차리지 못하면, 결국에는 무너지고 만다

항상 최선을 다하는 생활습성으로
매사 옳고 그름을 명확히 읽고 판단하여
개선하고 실천하는 방법 외에는 별다른 방법이 없다
"어떻게 하면 되겠지"라는 사고를 가졌다면
미지않이 반드시 패망하고 만다

실패하지 않는 방법을 몸소 체험을 통해 알지 못한다면
결국에는 모든 것을 잃게 되는 게 세상 구조이다
집중을 통하여 실패하지 않는 방법을 알아차리고
행하는 것만이 수성의 방법이다

註)
체험을 통하여 자신의 몸에 각인된다는 것은
잘못된 것에 대한 자각증상을 통해 얻어지는 것이므로
성공 후에 무너지지 않는 방법을 몸소 지니게 되는 것이고

체험을 통했다고 하나 잘 되어지는 것만 추구하는 것은
잘못되어질 것에 대한 대비가 없는 것이므로
실패에 대해 무방비 상태에 놓일 함정이 있다

체험을 동반하지 않은 것은 단지 알고 있다는
지식에 한한 것이라서 실패하기 쉽고,
반드시 체험을 동반한 것은 잘못되어질 것에 대한 자각증상
즉 지혜를 바탕으로 하였기 때문에 성공을 지켜갈 수 있다

제4장

몸과 대화

몸의 움직임은 진리이다

살아가면서 몸의 움직임 자체가 삶의 행적이 된다.
마음으로 생각하는 것은 현실적으로 아무것도 이뤄진 게 없으며, 삶의 행적하고는 거리가 먼 것이다.

평소의 몸동작, 그 움직임 자체가 우리의 일상인 것이며, 살아있는 자신의 행적을 만들어가는 사실적인 관계인 것이다. 평소의 일하고, 사랑하고, 취미생활하고, 교분 쌓고, 봉사하는 것 그 자체가 삶인 것이다.

평소의 마음을 일으켜 생각하는 자체는 의도인 것으로, 생각이란 어떤 행위가 전혀 이뤄지지 않은 가상인 것뿐이며, 생각이란 어떤 행위를 가졌다고 할지라도 행동으로 이어지지 않았기 때문에, 현실적으로는 아무것도 이뤄진 게 없다. 설령 생각을 가졌다 가도 생각을 지워버리면 아무것도 이뤄진 게 없는 것, 즉 어떤 행위 자체가 이뤄진 게 없는 것이다.

그러므로 마음을 일으켜 세상을 논하고 평하는 것은 세상일하고는 거리가 먼 이뤄지지도 않는 것을 표출하는 것으로, 진의가 없는 가상인 것이다. 그러하므로 마음을 일으켜 세상을 논하는 것은 진실하지 못하며, 수시로 말을 바꿔가면서 논할지라도 이뤄진 사항이 없으므로 사실하고는 동떨어진 것이다.

서적이나 남의 얘기를 들어서 사실관계를 말하는 자체도 어찌 보면 사실과 다른 가상적일 수가 있으며, 서적이나 남의 얘기만 듣고 세상을 논하게 되면 가상적인 얘기를 일삼은 허풍쟁이가 되기 쉽다. 즉, 서적으로 세상을 평론하는 것은 진실하지 못한 것이 될 수가 있다. 서적이나 남의 얘기는 가상적인 생각만으로 꾸며서 전해지는 내용도 있기 때문에 진실이 아닌 경우가 많다.

　사실이 이러하므로 학교 등에서 배운 지식을 사회에 적용한다는 것은 사실하고 거리가 먼 것으로, 시행착오를 겪어가면서 현실에서 하나하나 부딪쳐가면서 몸으로 체험해야만, 비로써 삶의 진위를 몸으로 터득하게 된다. 몸을 움직여 경험으로 이뤄진 것은 현실 자체를 몸이 알아차린 것으로 사실적 그대로인 것이다. 몸이 움직여 체험으로 알아차린 것은 지혜이며, 세상의 사실과 일치하는 진리인 것이다.

　수행도 몸으로 알아차린 것은 몸의 움직임인 고통을 통하여 그 잘못을 알아차려야 진리인 것이며, 마음을 일으켜 알아차린 것은 허구일 가능성이 많은, 즉 사실과 거리가 먼 내용들인 것이다. 고행이란 삶과 연결되어져, 그 잘못되어짐을 몸으로 인지하는 것, 몸의 고통을 통하여 알아차린 것이 참 지혜이며, 진리인 것이다. 그 움직임은 우주자연의 움직임과 일치하며, 즉 생각을 동반하지 않은 몸의 움직임은 진리인 것이다.

　마음은 허상으로 현실하고는 거리가 먼 것으로, 마음을 수련하고 닦는 자체는 현실하고는 괴리가 생겨나게 되어, 몸이 병을 얻거나 수련 자체가 별다른 성과 없이 행하는 것으로, 문제의 소지가 생겨날 수밖에 없다. 괴리란, 현실에 맞지 않는 허상으로, 수련할수록 그 잘못되어짐이 생겨나 몸의 병을 얻거나 현실과는 동떨어진 그릇된 가치관을 갖게 된다. 마음은 닦을수록 잘못되어질 수가 있기 때문에, 마음은 팽개쳐버리는 방법이 바른 수련이다. 단 마음수련은 아주 가볍게 하면 몸이 상하는 것에서 벗어날 수가 있다.

그냥 놔둬라

건들면 오히려 덫이 날 수도 있고
그냥 놔두는 게 정답에 가까우리라

우리 몸이 정신적으로나 육체적으로 힘들고 지쳐있을 때는, 며칠 쉬면서 관망하다 보면 저절로 문제점이 해결되어지기도 하고, 몸은 자연스레 회복되어진다. 이때 몸이 힘들다고 수술, 약물, 보양식, 지나친 치료 등으로 몸을 극복하려 하거나, 문제점을 성급하게 결정을 짓게 되면 나중에 거의 후회하게 된다.

우리 몸은 힘들고 지쳐있을 때는 신체 대부분 기능이 자극받아서 몹시 경직되게 된다. 몸의 경직으로 장기들이 굳어있을 때 약물요법, 보양요법, 과식을 하게 되면 음식물 등을 흡수하질 못할 뿐만 아니라 오히려 경직의 가중요소가 되어, 몸은 더욱 지치고 힘들어져 질병의 원인 또는 기존의 질병이 악화되기도 한다.

몸이 지치고 힘들어할 때 최상의 회복방법으로는 충분한 휴식과 절제된 영양식, 숙면이 최상이다. 며칠 푹 쉬고 나면 대부분 저절로 좋아지고 나을 수 있는데 필요 이상의 약물, 수술 요법 등으로 조치하게 되면, 예전에 없던 새로운 병의 원인이 되기도 하며, 결국에는 만성적인 고질병으로 전개되는 경우를 많이 보게 된다.

근본으로 돌아가라

마음이 괴롭고 아프면 그 원인은 내게 있으며
그 원인을 바로 잡으면 아픔은 쉽게 해결된다
남으로부터 조언을 들어도 자신이 바뀌야 해결되며
실천하여 바꾸지 않으면 아무것도 이뤄지지 않는다

몸이 불편하고 아픈 것은 자신의 몸을 잘못 사용한 것이며
잘못 쓴 부분에 대하여 몸이 바르게 써달라고 신호한 것이다
몸의 신호를 바르게 읽고 그 요구대로 바르게 잡아주면
그 아픔은 쉽게 해결되어 몸에서 사라지고 만다

몸이 아프면 누군가로부터 조언을 들었어도
그 잘못된 관행을 자신이 몸소 고쳐야 병이 낫는데
그 아픔을 자신의 탓으로 돌리지 않고, 남의 탓으로 돌려
남으로부터 해결방법을 찾으려 하면 엉뚱한 길로 가게 된다

대부분의 질병인 심장병, 고혈압, 당뇨, 암, 허리통증, 무릎통증, 피로감, 무기력 등 자신이 몸을 잘못 사용해 따른 증상은, 본인 자신이 깊이 반성하고 바른 습관인 자세와 섭생을 바르게 하여 주면 쉽게 해결이 되는데, 잘못된 습관을 고칠 생각은 않고 남으로부터 해답을 찾으려고 하면 몸은 고달픔으로 치닫게 된다.

상대방보고 알아서 해달라고 하면 내게 이익이 되는 것보다는 상대방이 이득되는 방향으로 전개되는 것은 당연한 것이다. 몸만 고쳐주면 돈은 얼마든지 다 주겠다는 것은, 상대방이 알아서 해달라는 것으로 어찌 돈을 싫어하고 마다하겠는가?

돈은 신격이라는 세상인지라 이왕이면 큰돈으로, 평생을 두고두고 빼먹을 궁리를 하게 되며, 더구나 잘못되어져도 법망으로부터 보호도 받고 돈 떼일 리 없고, 이러한 로또 비슷한 대박인데, 굴러온 돈을 누가 싫어하겠는가? 판국이 이렇듯, 나라에서 허가받은 자에게 강도짓 당하고 몸 잃고 돈 빼앗기는 세상이니 정신 똑바로 차려야 몸도 망치지 않고 돈도 잃지 않게 되는 것이다.

몸이 아프면 병원에 가지 말고
잘못되어진 자신의 습관을 바로 잡아야 한다
그러면 잘못되어져서 아픈 몸의 질병은 바로 잡히고 쉽게 낫는다
그러나 몸의 질병은 반드시 아프면서 낫는다

잘못되어진 몸을 바로 잡는 데는 그만한 댓가 정도는 지불해야 낫는다. 즉 아픔이란 댓가이며, 아픔을 바로 알고 바로 잡으면 반드시 낫는다. 아픈데 습관을 고칠 생각은 않고, 병원에 가서 진통제, 항생제를 먹으면 몸이 아프지 않고 낫는 것은 우리 몸이 바라는 것이 아닌 두뇌방식의 속임수인 것이다.

이것은 몸이 잘못되어진 것을 더 잘못되어지게 약으로 몸을 마비

시켜 버렸으니, 나중에 약발이 안 받고 몸은 병약자가 되고 나서 땅을 치고 후회하게 된다. 늦게라도 자신의 잘못을 바로 알고 습관을 바꾸게 되면, 자연의 회복력은 오염된 땅이 회복되듯 잘못된 몸이 회복되기도 하는데, 그것은 바로 근본으로 돌아가야 하는 것이다.

인간이 토양을 오물로 오염시켰어도
방사능으로 오염시켜도 세월이 흘러야만 회복되어진다
그 원리는 근본으로 돌아가야 하는 것이다
아무리 뛰어난 의술이나 약물이라 하더라도
근본으로 되돌리는 것보다 더한 것은 존재하지 않는다
자연은 질서정연한데, 인간만이 뒤죽박죽이다

근본으로 돌아가라
　　　그리하면 아픔은 해결된다 ~자연인~

되어짐은 무한대의 자연이다

　몸을 통하여 경계를 벗어야 무한대 자연에 진입할 수 있으며, 무한대의 영역은 되어져 감을 관조하여야만 열려 나가게 된다. 이론이나 형식을 바탕으로 마음 내려놓아 다스리는 식의 수행은, 그 자체가 유한대에 머무를 수밖에 없는 수행방법이라 한계상황에 갇히게 된다.

　되어짐이 수반되지 않은 수련방법인 마음수련, 명문호흡 방법, 이론을 바탕으로 공부식의 수련방법, 의도화된 형식의 수련방법 등을 하게 되면, 행함이 수반되지 않았기 때문에 수행 자체가 요원하다. 이러한 수행은 몸과 마음을 어스루지 못할 뿐만 아니라 수행 자체가 몸에 각인되어 있지 않은 형식화된 수련은 쉽게 허물어지고 만다. 마음을 다듬은 것이나 행함이 수반되어지지 않은 것은 쓸모가 없으며, 자연인 몸의 움직임으로 이뤄지는 행위만이 사실인 것이다. 즉 행함이 수반되어지지 않은 수행은 허울뿐인 가상의 수행방법이다.

　수련이란 몸을 통하여 우주의 이치를 알아차려 이루는 방법이 정법이며, 몸 수련을 통하여 생명체의 움직임을 알아차리는 수행이 있는 그대로이다. 또한 수련을 통하여 알아차려 일상의 행동으로 연결지어 행하는 수행, 즉 수련자는 수련이 일상이요, 일상이 수련이 되어지는 삶을 살아가게 된다.

움직임으로 되어지는 걸 알아차리고, 되어져 감을 알아차리는 수련을 통하여, 몸의 되어짐(탄생, 진화, 소멸 등)을 관조하는 수행이 정법수련이다. 정법수련은 시공을 떠나서 몸의 진화, 소우주를 통한 몸 수련으로 우주와 일체를 이룬다. 마음수행 등 움직임이 수반되지 않은 수행은 이뤄짐이 없다. 아무것도 이뤄진 게 없는 수행은 되어짐이 동반되지 않았기 때문에, 그 마음이 순간에 사라져버리듯, 어디에도 없게 된다. 마음을 일으켜 유지시켰으나 이뤄진 게 없으므로 어떠한 결과치가 부정확하거나 이뤄진 사실이 애매하다.

수행이란 집중력을 통하여 정신과 육체의 한계상황을 넘어서 몸을 각인하여야 소우주를 운용할 수 있으며, 이는 수세월 동안 각고를 통하여 성명(性命)을 이루어야 된다. 수행은 고도의 집중력을 통하여 몸 안에서 소우주가 만들어져 삼라만상의 자연을 관조하는 것이다.

근본의 위대함

근본에 다가설수록 안락한 혜택을 누리고
근본에 멀어질수록 힘겨운 생활을 누린다

요행이나 기교를 부릴수록 버겁기만 하고
근본에 다가설수록 몸과 마음이 수월하다

단전호흡 수련은 근본으로 다가서기 위한
고도의 훈련이자 최상의 올바른 방법이다

단전호흡 수련은 근본을 벗어나면 잘못되고
근본에 다가설수록 위대한 힘을 얻게 된다

운명론

사람은 타고난 팔자대로 산다고 하지만, 그것은 예전에 당신하고 똑같은 생시에 태어났던 사람의 통계수치일 뿐이며, 과거에 똑같은 사람이 태어나 살았다고 하나, 즉 사주는 같아도 인물, 관상, 심성, 체형, 환경, 시대, 배경 등 조건이 다르기 때문에, 어느 정도 그렇다고 볼 수도 있지만, 반드시 그렇지 않을 수도 있다.

누구는 사주가 좋아 부자로 살고, 누구는 팔자가 좋아 오복을 누리고 산다고 말하지만, 사주가 아무리 좋아도 누리지 못하는 경우도 허다하고, 사주가 별로이다 싶어도 정도의 복을 누리고 사는 경우도 많다.

부자로 살아가는 사람은 그만한 이유가 있으며, 부자들의 습관을 보면 부지런하니 일에 집중하고, 이재에 밝으며 또한 참고 기다릴 줄도 안다. 반대로 가난한 사람의 습성을 보면 나태하고, 주의력이 떨어지며, 경제나 돈에 대한 개념이 약하고, 인내할 줄 모르는 경우가 많다.

처복, 자식 복이 많은 사람은 그만큼 좋은 습성을 갖고 있는 경우가 많으며, 또한 건강한 사람은 건강하게 사는 습성을 가지고 실천하고 있으며, 인복이 있는 사람은 나름대로 덕행을 쌓고 살아가고 있는 것이다.

사주에 재물, 벼슬, 처복, 자식, 건강, 장수, 인복을 갖고 태어났다 하드래도 처신이 올바르지 못하면, 그 복을 누리고 살 수 없을 것이며, 반대로 사주팔자가 신통치 않아도 자신을 다듬고 닦아서 살면, 그만큼 삶도 윤택할 수밖에 없지 않을까 싶다.

제아무리 사주팔자가 좋아 부모로부터 많은 재산에다 좋은 인물, 건강, 좋은 인맥을 갖고 태어났다고 해도, 처신이 올바르지 않고 지혜롭지 못하면 결국에는 꼴사나운 삶을 살게 되는 것은 자명하다 하겠다.

박복하거나 명이 짧은 사주를 타고 태어났다 해도 덕행을 쌓으면서 살게 되면 수명이 연장되어 장수하는 대표적인 사례로 미국의 엔드류 카네기가 있다. 그는 50대 초 시한부 인생의 기로에서 자선과 기부를 통한 덕행을 쌓는 삶을 선택함으로써 수명이 여든다섯까지 장수한 것은 유명한 일화이기도 하다.

"당신의 수명은 몇 살이요?"라고 사주팔자에 나왔다고 하나 그 사람의 덕행, 생활습관에 따라 타고난 수명을 채우지 못하는 사람이 있는 반면, 타고난 수명보다 더 많이 아주 오랫동안 장수하는 사람도 주변에 너무 많다.

결국은?
장수하는 사람은 장수하는 습관을 가지고 생활하고 있으며, 부자로 사는 사람은 부자로 사는 습관을 가지고 살아가고 있으며, 건강하게 사는 사람은 늘상 건강한 삶을 살아가는 습관대로 살고 있는 현실을 목격하게 된다. 또한, 당신이 부자가 되고 싶으면 부자들이 하는 습관을 익혀야 하고, 건강하게 살려면 건강한 사람의 습관대로 따라서 해야만 건강하게 살 수가 있는 것이다.

반대로 말만 앞세우고, 게으르고, 개념이 흐릿하고 자신을 관리 못하는 사람은 그 삶이 궁핍한 것은 자명하겠고, 생각과 행동을 우량한 사람처럼 행동하게 되면 우량한 사람을 본받아 그 삶이 여유로움으로 채워질 것이다.

각자 개개인의 삶은 각자가 행동한 만큼 살다 가는 것으로, 좋은 사주를 타고 태어난 사람은 좋은 기류를 만들어가는 것이고, 반대의 사주를 타고 태어난 사람은 불량한 기류를 만들어 사는 것이고, 반대의 사주를 타고 태어났다 하드래도 좋은 기류를 만들고 살아가면, 좋은 운이 작동되어 좋은 기류를 탈 것이다.

운명을 바꾸고 살아라

운명의 운(運)은 움직임이고, 명(命)은 생명 또는 생활을 의미하며, 운명은 자신이 움직여서 선택한 방법에 따라 애쓴 만큼 일궈가며 사는 것이다. 뚜렷한 목표를 가지고 최선을 다하면 결실은 풍요로울 것이고, 계획 없이 되는 대로 살게 되면 그래저래 빈곤한 삶을 살게 될 것이다.

누구나 한 번 주어진 삶 이왕이면 남부럽지 않게 살고 싶을 것이나, 멋지게 살고 안 살고는 딱 한 가지 차이뿐인데, 바로 실천이다. 삶은 실천함으로써 목표치를 이뤄가면서 살게 되는 것이고, 생각에 그치거나 실천하지 않으면 아무것도 이뤄지는 게 없다.

천 가지 마음을 가졌어도 실천하지 않으면 아무것도 이룬 게 없고, 만 권의 책을 읽었어도 실천하지 않으면 아무것도 이룬 게 없으며, 한 가지의 생각을 안 했을지라도, 한 줄의 책을 읽지 않았어도 현실에 부딪쳐가면서 살아가게 되면, 그 부딪힘 속에 옥석이 구별되고, 그 잘못되어짐 속에 바로 알아차리며, 그 부딪힘 속에서 만 가지 지혜가 떠올라, 바른 삶을 살아가게 된다. 우리 삶은 실천함으로써 꿈과 이상을 현실로 이뤄가면서 살게 된다.

삶은 실천에서는 결실을 얻을 수 있으나, 생각만으로는 아무것도 채워지지 않는다. 정도의 삶이란 생각은 될 수 있는 대로 짧게 하고, 실천하는 것을 낙으로 삼으면 행복한 인생이 열리게 된다. 삶은 오로지 실천하는 자에게 다가오며, 도전하는 자에게 높은 질의 보너스 삶이 주어진다. 세상은 올바르고 성실한 자에게 행복의 선물을 안겨준다.

〈운명을 바꾸고 사는 방법〉

항상 도전을 해라
도전하는 자가 삶의 만족을 얻게 된다

자기계발을 하라
한순간도 자기계발을 놓치지 말고
자신과의 싸움에서 타협하지 말라
살아가는 동안 근면하라

고정관념을 버려라
현재에 만족하지 말고 자신을 일깨워라
(고정관념에 사로잡히면 퇴보한다)

남을 위해서 살라

항상 봉사하면서 살라

자신을 위하면 작은 사람이요, 남을 위하면 큰 사람이다

수양을 하라

평생 자신을 갈고 닦아라

수행은 끝없는 자기계발을 이루게 된다

한 가지만 실천해도 나머지는 저절로 이뤄진다 ~자연인~

이견의 사라짐

고수는 몸도, 마음도
이쪽 사람들의 의견도
저쪽 사람들의 의견도
다 아우를 수 있게 된다

이쪽저쪽 아우르는 것은
중도에 이르는 것이며
중도는 머무름이 존재하지 않는 근본이다

註)
양자(兩者)를 수용하는 것이란
자신을 위하지 않는 중도이며
異見(이견)은 근본에 이르면 소멸된다

잘 되어짐을 경계하라

잘 되어질 때 괴리가 생겨나게 되는 것은
잘 되어질 때 만족이라는 안도가 생겨나기 때문이며
잘 되어질 때 만족감이 생기지 않게 하는 방법으로는
평소에 집중을 통해 방심을 허용하지 말아야 한다

잘 되어지는 것은 집중을 통해 갖추어지나
잘 되어지는 것에 안도하는 순간이 괴리가 생겨나는 시발점이다
잘 되어질 때 집중을 통하여 그 잘못되어짐을 간과하여야 하며
잘 되어짐에 만족하고 안주하는 순간이 괴리가 생겨나는 순간이다
방심하는 순간, 괴리는 시작되므로 매사에 방심은 금물이다

잘 나갈 때 물러서라
잘 되어질 때 그 결실을 갖지 않는 게
괴리를 갖지 않게 하는 것이며
"잘 나갈 때 물러서라"는 집중을 통해
잘 되어지도록 최선을 다하나
그 결실을 갖지 않는 자세를 갖춤으로써
만족감을 갖지 않게 하는 방법인 것이다

갖되 연연하지 않고 느껴가며 사는 것으로
갖되 지배하지 않고 공(功)은 상대에게 돌리는 것이다

건강, 재물, 명예, 재능을 갖되 누리지 말고 관리만 하여라

건강, 재물, 명예, 재능을 갖되 자랑하지 말고 관리를 하여야
현실에 만족하지 않고
계속 추구할 수가 있는 관계를 성립하게 된다
건강하되 뽐내지 말고 겸허하게 관리해야 하며
재물이 있되 자랑하지 말고 연장으로 남에게 이롭게 해야 하며
벼슬, 명예, 재능은 뽐내지 말고 남을 이롭게 하는 연장으로
관리를 해주어야 별 탈 없이 누릴 수가 있다

갇혀놓는 순간, 괴리가 시작되어
결국에 패망의 길로 걷게 되는 게 자연의 이치이므로
놓아줌으로써 취할 수가 있고 물러서야 갇히지 않게 된다